ビジネスで1番よく使う英単語

最重要1000語

成重 寿 著

Jリサーチ出版

🌐 はじめに

仕事の基礎になるビジネス英単語1000

　英語でスムーズに仕事を進めるには、ビジネスでよく使う言葉を知っておく必要があります。

　日本語と同じように、英語にもビジネスに特徴的な言葉があります。commute は「通勤」、deadline は「納期」、raise は「昇給」です。また、カジュアルな表現よりもオフィシャルな表現が好まれるのもビジネスの特徴です。do で通じるところを implement (実行する) と言ったり、start を launch (開始する) と言ったりします。

　また、注目を引く、しゃれた言葉もよく使います。eye-opener (目を開かせるもの)、cutting-edge (最先端の)、make history (歴史をつくる) などがその代表でしょう。

　本書は、こうしたビジネスでよく使う単語・表現を1000語収録しています。単語・表現は基本的に、どのセクションに配属された人も使いこなすことを求められるものを中心に選んでいます。また、覚えやすいように、ジャンル・用途に応じて22のユニットに分類して紹介しています。

会話・ライティングの例文で覚えて、すぐに使おう

　ビジネスの英単語は単に知っているだけでは不十分で、仕事の場で使いこなすことができなければ意味がありません。

　そこで、本書は覚えるべき見出し語を「スピーキングセンテンス(S表示)」または「ライティングセンテンス (W表示)」の例文に組み込んで紹介してい

ます。単語と一緒に例文を覚えれば、そのまま会話やメールなどのビジネス文書で活用することができます。まさに「発信型」の単語集というわけです。

　音声は無料でダウンロードできるので、ネイティブスピーカーの音声を確認して、必要なものは自分で何度も言ってみましょう。単語がしっかり頭に入るだけではなく、会話やライティングの基本が自然に身につきます。

　本書は TOEIC の学習を目的としたものではありませんが、ビジネス色の強い TOEIC の単語をかなりカバーしています。

世界共通語の英語で仕事をするのが普通になった！

　日本の企業も、ビジネスパーソンも今やグローバル化のただ中にあって、多くの人が英語を使って仕事をすることが求められています。また、英語を使う相手は英米人など英語ネイティブに限らず、アジアやヨーロッパ大陸など非ネイティブの人々も含んでいます。いや、むしろ非ネイティブの人と英語でやりとりする機会のほうが多いかもしれません。

　そのためにも、基本的なビジネス英単語を知っておくことは必須です。また、それらを駆使して発信することが仕事をスムーズに進めるカギになります。

　読者のみなさんが世界で活躍する場を広げていくのに、本書が少しでもお役に立つなら、これほど嬉しいことはありません。

著者

ビジネスで1番よく使う英単語　最重要1000語
CONTENTS

はじめに ……………………………………………………………… 002
ビジネス英単語を使いこなすⒶⒷⒸ …………………………… 006
本書の使い方 ………………………………………………………… 008
音声ダウンロードのしかた ………………………………………… 010

第1部　オフィス・ベーシック（544語）……… 011

- **UNIT 01** 会社・オフィス ……………………………… 012
- **UNIT 02** 電話・メール ………………………………… 026
- **UNIT 03** 就活・採用 …………………………………… 040
- **UNIT 04** 人事・オフィス環境 ………………………… 054
- **UNIT 05** 会議をする …………………………………… 066
- **UNIT 06** 交渉・契約 …………………………………… 080
- **UNIT 07** お付き合い・イベント ……………………… 092
- **UNIT 08** 出張・海外展開 ……………………………… 104
- **UNIT 09** 仕事でよく使う動詞① ……………………… 116
- **UNIT 10** 仕事でよく使う動詞② ……………………… 128
- **UNIT 11** 仕事でよく使う形容詞・副詞 ……………… 140
- **UNIT 12** 仕事でよく使う名詞 ………………………… 152

第2部 ビジネス・スタンダード （480語） … 163

- UNIT 13 経営・戦略 …………………………… 164
- UNIT 14 業績・会計 …………………………… 176
- UNIT 15 開発・製造・物流 ………………… 188
- UNIT 16 市場・マーケティング …………… 200
- UNIT 17 販売・顧客サービス ……………… 212
- UNIT 18 マネー・投資 ………………………… 224
- UNIT 19 不動産・建設 ………………………… 236
- UNIT 20 ビジネスイディオム ……………… 248
- UNIT 21 ビジネス動詞句 …………………… 260
- UNIT 22 ビジネス決まり文句 ……………… 272

INDEX（巻末さくいん）………………………………………… 284

ビジネスで英単語を使いこなす

A 基本語を活用しよう

仕事で使う言葉はどれもが難しくフォーマルなものではありません。
日本語と同じように、英語でも日常会話の言葉でそのまま使えるものがたくさんあります。まず、こうした基本語をビジネスのシチュエーションの中で使えるようにしていきましょう。

check 確認する	Let me check my calendar. スケジュールを確認させてください。
available 利用できる	I'm sorry she isn't available now. すみませんが、彼女は今電話に出られません。
input 意見	We welcome various input from employees. 私たちは社員からのさまざまな意見を歓迎します。

B ビジネス語をプラスしよう

次のステップとして、ビジネスに特徴的な言葉を上積みしておきましょう。こうした「ビジネス語」と呼ぶべきものは、フォーマルなものであったり、仕事の分野に固有のものであったり、人の注意を引く気の利いた表現であったりします。知っておけば、会話やライティングで、ビジネスパーソンらしい発信ができるようになります。外国の取引先やパートナーとのコミュニケーションがスムーズに進むようになるでしょう。

| implement
実行する | The boss gave us the go-ahead to implement the plan.
上司は私たちにその計画を実行するゴーサインを出した。 |

| procure
調達する | We procure most of materials from Russia and China.
我々は原材料のほとんどをロシアと中国から調達しています。 |

| name of the game
肝心な点 | The name of the game is speedy package delivery.
肝心な点は素早い荷物の配送である。 |

使える例文で身につけよう

　ビジネスの単語はビジネス場面の例文で身につけておくことが大切です。就活の単語であれば面接での会話、会議で使えるものなら会議での発言、契約の言葉なら取引の文書で身につけておくのがベストです。本書の例文は、できるかぎり仕事のTPOに合ったものを掲載しています。

| dedicated
勤勉な | I'm a very dedicated worker and a social person.
私はとても勤勉に働きますし、社交性も備えています。 |

| handout
配付資料 | Could you look at this handout?
このお配りした資料をごらんください。 |

| liable
責任がある | The supplier is liable to compensate for missing deadlines.
サプライヤーは納期の遅延に対して補償責任を負う。 |

本書の使い方

この本は1ページで4語ずつ覚えられるようになっています。
収録総数は10本のコラムも含めて1000語以上あります。

①見出し語・発音記号・意味

見出し語の意味は、ビジネスでよく使うものを中心にして紹介しています。
・略号一覧　自 自動詞　他 他動詞
　　　　　　形 形容詞　副 副詞　名 名詞　前 前置詞
・赤シートを使えば日本語の意味が消えます。覚えたかどうかを確認しましょう。

②チェック欄

その単語を知っているかどうか、覚えたかどうかをチェックするのに利用してください。

③ Ⓢ／Ⓦの表示

例文で、会話でよく使うものには Ⓢ (= Speaking)、メールなどのライティングでよく使うものには Ⓦ (= Writing) の表示をしています。ただ、英語の場合には話し言葉と書き言葉が近く、どちらでも使える例文も数多くあります。

[会社・オフィス] 1→8　　　Track 01))

1　found [fáund]
他 設立する；創設する
⊕ 会社を「設立する」という意味でよく使う。founder が「創設者」、co-founder で「共同創設者」。establish が類語。

Ⓢ Our company was founded in 2010.
弊社は 2010 年に設立されました。

2　headquarters [hédkwɔ̀ːrtərz]
名 本社；本部
⊕ 会社の「本社」を指す。単数扱い。head office、main office も同様に使える。

Ⓢ Our company's headquarters is located in Osaka.
私どもの本社は大阪にあります。

3　branch [bræntʃ]
名 支社；支店
⊕ 木の「枝」のイメージより。subsidiary は「子会社」、affiliate は「関連会社」。

Ⓢ We have four branches in the U.S.
当社は米国に支社を4つもっています。

4　firm [fə́ːrm]
名 会社
⊕「会社」の意味で company と同様によく使う。corporation は大企業のイメージ。なお、incorporate は「法人化する」という動詞。

Ⓢ Our clients are mainly small and medium-sized firms.
当社の顧客は主に小規模・中規模の会社です。

音声ダウンロードのしかた 🔊

❶パソコン、タブレット端末、スマートフォンからインターネットで専用サイトにアクセスします。

　Jリサーチ出版のホームページから『ビジネスで1番よく使う英単語　最重要1000語』の表紙画像を探してクリックしていただくか、下記のURLを入力してください。

http://www.jresearch.co.jp/isbn978-4-86392-296-9/

❷【音声ダウンロード】という表示のあるアイコンをクリックしてください。ファイルは2種類、それぞれ4つあります。

【音声ダウンロード①】　英単語・意味・例文
UNIT 01→06　UNIT 07→12　UNIT 13→17　UNIT 18→22

【音声ダウンロード②】　例文のみ
UNIT 01→06　UNIT 07→12　UNIT 13→17　UNIT 18→22

❸ファイルを選択すると、ダウンロードを開始します。

❹ファイルの解凍、再生
　音声ファイルは「ZIP形式」に圧縮された形でダウンロードされます。圧縮を解凍し、デジタルオーディオ機器でご利用ください。

(ご注意!)

音声ファイルの形式は「MP3」です。再生にはMP3ファイルを再生できる機器が必要です。ご使用の機器等に関するご質問は、使用機器のメーカーにお願いいたします。また、本サービスは予告なく終了されることがあります。

第1部

オフィス・ベーシック
仕事の基礎になる544語

Track 01 〜 Track 12

UNIT 01 会社・オフィス 48語

自分の会社を紹介するときのキーワードやオフィスでよく使う言葉です。会話フレーズで覚えておきましょう。

[会社・オフィスのキーワード]

ビジネスでは初対面の人に自分や会社のことを紹介する機会がよくあります。

自分が所属する会社は〈work for 会社〉(〜で働いています)を使えば、簡単に話せます。自分の担当は〈in charge of 仕事〉(〜を担当しています)を使います。

「会社」には company、firm、corporation などいくつかの単語があります。会社がどこにあるかを聞かれることもあるので、そのときには〈be based in 場所〉(〜に本社がある)、〈be located in 場所〉(〜にある)が便利です。「本社」は headquarters、「支社」は branch と言います。会社の「部課」は department や division で、「販売部」なら sales department [division] です。

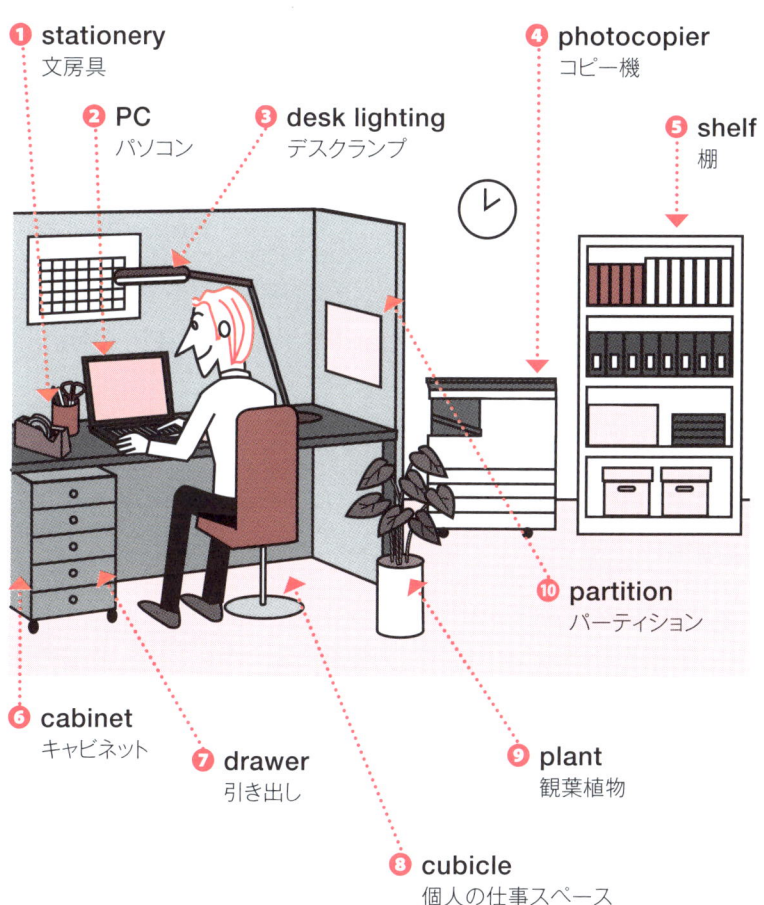

[会社・オフィス] 1→8

Track 01

1. found [fáund]
他 設立する；創設する

🌐 会社を「設立する」という意味でよく使う。founder が「創設者」、co-founder で「共同創設者」。establish が類語。

Our company was founded in 2010.
弊社は2010年に設立されました。

2. headquarters [hédkwɔ̀:rtərz]
名 本社；本部

🌐 会社の「本社」を指す。単数扱い。head office、main office も同様に使える。

Our company's headquarters is located in Osaka.
私どもの本社は大阪にあります。

3. branch [bræntʃ]
名 支社；支店

🌐 木の「枝」のイメージより。subsidiary は「子会社」、affiliate は「関連会社」。

We have four branches in the U.S.
当社は米国に支社を4つもっています。

4. firm [fə́:rm]
名 会社

🌐 「会社」の意味で company と同様によく使う。corporation は大企業のイメージ。なお、incorporate は「法人化する」という動詞。

Our clients are mainly small and medium-sized firms.
当社の顧客は主に小規模・中規模の会社です。

5. department [dipá:rtmənt]

名 部門

🌐 他に division や section なども同義で使う。「デパート；百貨店」は department store と store が必要。

I work in the sales department.
私は販売部で働いています。

6. executive [igzékjutiv]

名 経営幹部；取締役 形 経営幹部の

🌐 経営部門の人員を指す。CEO（最高経営責任者）は Chief Executive Officer の略記。

The senior executives will vote on the merger plan.
その合併計画については経営幹部が投票する。

7. supervisor [sú:pərvàizər]

名 管理職；管理者；上司

🌐 immediate supervisor で「直属の上司」。動詞は supervise（管理・監督する）。

Mr. Cameron is my immediate supervisor.
キャメロンさんが私の直属の上司です。

8. subordinate [səbɔ́:rdinət]

名 部下 形 従属する

🌐 sub-（下に）＋ ordinate（置く）より。反意語は superior（上司）。

She has ten subordinates on her design team.
彼女は設計チームで10人の部下を率いている。

[会社・オフィス] 9→16

Track 01

9
board of directors
取締役会；役員会

よくthe boardと略して使う。director は「取締役」。

I heard the board of directors is thinking of staff cuts.
役員会が人員削減を検討していると聞いています。

10
management [mǽnidʒmənt]
名 経営陣；経営

「経営」という仕事だけでなく、「経営陣」と経営主体を指すこともできる。

The company turned around under new management.
その会社は新しい経営陣の下で業績回復を果たした。

11
colleague [káli:g]
名 同僚

office colleagueと言うことも。coworker、fellow worker、peerが類語。

This is Amara, my colleague.
こちらは同僚のアマラです。

12
commute [kəmjú:t]
自 通勤する 名 通勤

go to workと同様に使える。「通勤者」はcommuter、「通勤電車」はcommuter train。

I commute daily for about an hour by train.
私は毎日、1時間ほどかけて電車で通勤しています。

You are here! ▶		288	544	774	1024
		UNIT 6	UNIT 12	UNIT 17	UNIT 22

UNIT 01

13

punch in
（出勤時刻を）打刻して入室する

🌐 タイムカード機 (time clock) で「打刻してオフィスに入る」こと。「打刻してオフィスを出る」のは punch out。clock on [out] も同様に使える。

S I punched in ten minutes late this morning.

今朝は10分遅れてタイムカードを押しました。

14

routine [ruːtíːn]
名 決まった業務；日課
形 日常的に決まった

🌐 routine work とも言う。なお、chore は「雑用」、admin は「事務仕事」。

W Reading news online is part of my morning routine.

ネットでニュースを読むのが私の朝の決まり事です。

15

assignment [əsáinmənt]
名 仕事；業務

🌐 動詞 assign は「割り当てる」の意味で、assignment で「（上司から）割り当てられた仕事」の意味。duty、job、task などが類語。

S I must finish this assignment tonight.

今夜、この仕事を終わらせないといけません。

16

paperwork [péipərwə̀ːrk]
名 書類仕事；必要書類

🌐 オフィスの「書類仕事」のほか、「記入が必要な文書」を指す。

S I'm swamped with endless paperwork.

終わりのない書類仕事に追われています。

017

[会社・オフィス] 17→24

Track 01

17. work overtime
残業する

⊕ work late とも言う。名詞で「残業」と言う場合は overtime work、after-hours work、extra work などを使う。

I worked nearly sixty hours overtime this month.
今月は60時間近く残業をした。

18. work the shifts
交代勤務をする

⊕ day shift は「日勤」、night shift は「夜勤」。

Maria works the night shifts this week.
マリアは今週は夜勤で働く。

19. tied up
仕事で手一杯で

⊕ 忙しくて「手を縛られている」イメージ。「超多忙で」の意味では swamped もよく使うが、こちらは仕事に「溺れた」イメージ。

Sorry, I'm a bit tied up at the moment.
すみません、今はちょっと手が離せません。

20. front desk
受付

⊕ 会社やホテルの「受付」のこと。front だけでは通じない。「受付係」は receptionist と言う。

Building visitors must sign in at the front desk.
ビルの訪問者は受付で署名して入るようになっています。

21. in charge of
〜を担当して

of の後に業務を続ける。person in charge で「担当者」。

Who's in charge of ordering office supplies?
事務用品の注文はだれが担当していますか。

22. workplace [wə́:rkplèis]
名 職場；作業場

workplace safety で「職場の安全」、workplace romance で「オフィス恋愛」。

My workplace is relaxing and comfortable.
私の職場はリラックスできて快適です。

23. work for
〜で働く；〜の社員である

通例、for の後ろには所属する会社を置き、その会社の社員であることを示す。

I've worked for the company for over ten years.
私は10年以上、その会社で働いています。

24. business card
名刺

米国では calling card、英国では visiting card と呼ぶことも。

Could you give me your business card?
名刺をいただけますか。

[会社・オフィス] 25 → 32

Track 01

25

title [táitl]
名 肩書；役職

⊕ 社内での「肩書」を指す。job title と言うことも。

Type your name, professional title, and company name in this field.
この欄に名前と肩書、社名を記入してください。

26

report to
〜（人）に属する；〜に出頭する

⊕「〜に報告義務がある」が直接の意味で、自分の上司を指すのに使う。「〜に出頭する」という意味で使うことも。

I report to CIO Monica Brown.
私は最高情報責任者のモニカ・ブラウンの下で働いています。

27

be based in
〜に本社を置く

⊕ 本社の所在地を示す表現。一般的に、所在地を示すのには be located in (〜に所在する) を使う。

Our company is based in Berlin.
当社の本社はベルリンにあります。

28

cubicle [kjú:bikl]
名 業務スペース；個室オフィス

⊕ 米国などの会社の個室に区切られたオフィスのこと。

Always keep your cubicle clean and tidy.
自分の業務スペースはいつもきれいに片付いた状態にしておいてください。

You are here! ▶		288	544	774	1024
		UNIT 6	UNIT 12	UNIT 17	UNIT 22

29 parking lot
駐車場

🌐 parking 単独で使うことも。なお、英国では car park と呼ぶ。

Part of our parking lot is designated for guests.
当社の駐車場の一部は訪問客用に指定されています。

30 office supplies
事務用品；備品

🌐 用紙やインクリボンなどの「オフィスで使う消耗品」を指す。事務用品を入れる「備品室」を supply room と呼ぶ。

Our office supplies include desks, desk lamps, and fax machines.
当社の事務用品にはデスク、デスクランプ、ファクス機などがあります。

31 cafeteria [kæ̀fətíəriə]
名 社員食堂

🌐 通常、セルフサービスの社員食堂のこと。英国では canteen と呼ぶ。

How about talking over lunch in the cafeteria?
社員食堂でランチを取りながら話しませんか。

32 paper jam
紙詰まり

🌐 photocopier（コピー機）などの「紙詰まり」の意味。jam は「詰まること」で、traffic jam なら「交通渋滞」。

The photocopier has a paper jam again.
コピー機がまた紙詰まりだよ。

[会社・オフィス] 33 → 40

Track 01

33 administrative [ədmínəstrèitiv]
形 管理業務の；事務業務の

🌐 administrative job と言えば「事務仕事」のこと。clerical が類語。

Find administrative and clerical jobs in Singapore at www.singawork.com.
シンガポールでの事務職は www.singawork.com で探してください。

34 organization [ɔ̀ːrɡənəzéiʃən]
名 組織；団体

🌐 organization chart で「組織図」。会社の「組織構造」を表すとともに、さまざまな「団体」を指すこともできる。

The CEO plans to make changes to the company's organization.
CEO は会社の組織に変更を加えようと計画している。

35 general affairs
総務（部）

🌐 幅広い (general) 業務 (affairs) という意味。「総務（部）」は administration (division) とも言う。

I have three-years' experience in corporate general affairs.
私は会社の総務に3年の経験があります。

36 janitor [dʒǽnətər]
名 清掃係；用務員

🌐 主に掃除やビル管理をする要員のこと。英国では caretaker と呼ぶ。「守衛」は security guard。

The janitor swept the hallway about an hour ago.
清掃係は1時間ほど前に廊下を掃除しました。

37

brochure [brouʃúər]
名 (会社) 案内；パンフレット

🌐 company's brochure で「会社案内」。pamphlet が類語。

S Here's our company brochure; it outlines our main products.

弊社の会社案内をどうぞ。主要製品が紹介されています。

38

stationery [stéiʃənèri]
名 文房具；便せん

🌐 「文房具」の総称で不可算名詞で使う。また、「会社のロゴ入りの便せん」の意味でも使う。

S Could you buy some stationery—like pens and Post-its— while you're out?

外出するときに、ペンや付箋などの文具を買ってもらえませんか。

39

atmosphere [ǽtməsfìər]
名 雰囲気

🌐 「大気」が本来の意味だが、会社の「雰囲気；環境」を表すことができる。

S The workplace has a fantastic atmosphere.

職場はすてきな雰囲気です。

40

dress code
服装規定

🌐 「カジュアルな服装で出勤できる金曜日」は casual Friday と言う。

W Generally, banks like ours have strict dress codes.

一般的に、我々のような銀行は厳しい服装規定がある。

[会社・オフィス] 41 → 48

41 compound [kámpaund]
名 敷地；施設

🌐 会社の「敷地」や特定の業務の「施設」を表すのに使える。

This is a corporate research <u>compound</u> with over 200 scientists.

ここは会社の研究施設で、200人以上の科学者が働いています。

42 contact [kántækt]
名 連絡先；コネクション

🌐 仕事上の「連絡先」「コネ」の意味でよく使う。動詞として使えば「連絡を取る」の意味。

He has many good <u>contacts</u> in this field.

彼はこの業界に多くのいいコネクションがある。

43 deadline [dédlàin]
名 締め切り；納期

🌐 小さな業務から大きなプロジェクトまで、その「締め切り」の意味で使う。due date や finishing date が類語。

I have several <u>deadlines</u> this week.

今週は締め切りの仕事がいくつかある。

44 objective [əbdʒéktiv]
名 目標

🌐 売り上げ数値など「業務目標」の意味で使う。target や goal が類語。

Our <u>objective</u> this year is to reach a 15% market share.

今年の我々の目標は15パーセントの市場シェアを獲得することだ。

45 industry [índəstri]
名 産業；業界；工業

🌐「工業」を指すこともあるが、「産業」「業界」を意味することも。printing industry（印刷業界）。「業界」の意味では field が類語。

Tourism is one of the key industries in Hong Kong.
観光業は香港の主要産業の1つだ。

46 anniversary [æ̀nivə́:rsəri]
名 (創立) 記念日

🌐 anniversary はさまざまな「記念日」に使える。wedding anniversary（結婚記念日）

We'll celebrate the 50th anniversary of our company next week.
私たちは来週、当社の創立50周年記念日を祝います。

47 operation [ɑ̀pəréiʃən]
名 運営；操業

🌐 動詞は operate（運営する；操業する）。

The smooth operation of our Hanoi factory depends on regular supplies.
ハノイ工場の円滑な操業は安定した供給にかかっている。

48 courier [kə́:riər]
名 宅配便

🌐 by courier で「宅配便で」。

I'll send your order by courier.
ご注文品は宅配便でお送りします。

UNIT 02 電話・メール 54語

電話の会話は決まった表現を使えば簡単にできます。電話表現を中心にメールのキーワードも紹介します。

【 電話のキーワード 】

　電話を会社にかけるときには、〈I'm ～ of 会社〉（～社の～です）と名乗って、〈May I speak to 人〉（～さんをお願いします）と話したい人を知らせます。会社で電話を受ける人は、〈～ Corp. May I help you?〉（こちらは～社です。ご用件をおうかがいいたします）で始めるのが基本です。「おつなぎします」には connect や put through を使い、「席を外している」には stepped out などを使います。「内線」を extension と言うことも知っておきましょう。

　なお、自社の社員について話すときは、日本語のように呼び捨てにせず、Mr. や Ms. を必ず付けるようにしましょう。

【 電話の基本フロー 】

❶ 会社側：電話に出る

Orange Crop. May I help you?
オレンジ社です。ご用件をおうかがいいたします。

❷ かけた側：名乗って、用件を告げる

This is Ken Suzuki of XY Trading.
May I speak to Ms. Evans in Sales?
XY貿易のケン・スズキです。
販売部のエヴァンスさんをお願いします。

❸ 会社側：対応する

One moment. I'll transfer your call to her.
少しお待ちください。彼女に転送します。

I'll see if Ms. Evans is in. Hold on, please.
エヴァンスがいるか確認します。そのままお待ちください。

❹ 会社側：対応する

She's just stepped out for a moment.
彼女は少し席を外しております。

I'm sorry, but she has a visitor at the moment.
すみません、彼女は今、来客中です。

❺ かけた側：伝言をお願いする

May I leave a message for Ms. Evans?
エヴァンスさんに伝言をお願いできますか。

[電話・メール] 1→8

Track 02

1. speak to
～と話をする

⊕ 電話で「話したい人を告げる」のに使う表現。talk to でもOK。

May I speak to Ms. Sato in Sales?
販売部のサトウさんをお願いします。

2. transfer [trænsfə́r]
他 転送する

⊕「移す」が原意。電話を他の人に「転送する」ときに使う。connect や put through もよく使う。

I'll transfer your call to the accounting department.
お電話を経理部におつなぎいたします。

3. get back to
～にかけ直す

⊕「かけ直す」「折り返し連絡する」ときに使う。call back も同様。

I'll get back to you as soon as I can.
できるかぎり早くかけ直します。

4. leave a message
伝言を残す

⊕「伝言を受ける」は take a message。

May I leave a message for Julia Sands?
ジュリア・サンズ様に伝言をお願いいたします。

5

busy [bízi]

形 話し中で

🌐 かかってきた電話の相手に、当人が「話し中である」ことを伝えるのに使う。

S I'm sorry, but his line is busy now.

すみませんが、彼は今話し中です。

6

on another line

他の電話に出ている

🌐 line は「(電話) 回線」のこと。このフレーズの前に I'm sorry や I'm afraid を付けるとより丁寧。

S Nicole is on another line, but she'll be off soon.

ニコルは他の電話に出ておりますが、すぐに終わりそうです。

7

extension [ikstén∫ən]

名 内線

🌐 文字通りは「延長」の意味で、電話では「(回線の延長の) 内線」を表す。

S Could you put me through to Extension 411?

内線411に回していただけますか。

8

hold on

そのまま待つ

🌐 hold the line でもOK。他に just a moment や one moment も使う。なお、hang up は「電話を切る」こと。

S I'll see if Ms. Han is in. Hold on, please.

ハンがいるかどうか確認します。少しお待ちください。

[電話・メール] 9→16　　　Track 02

9 step out
席を外す；外出する

🌐 簡単に He's just out. でもOK。

He's just <u>stepped out</u> for a moment.
彼は少し席を外しております。

10 out of town
出張中で

🌐 文字通りは「街を離れている」で、「出張中」の意味で使う。on one's trip でもOK。

Mr. Lee is <u>out of town</u> through the week.
リーは今週いっぱい出張です。

11 not at one's desk
席を離れて

🌐 away from one's desk も使える。

I'm sorry, but he's <u>not at his desk</u> right now.
すみませんが、彼は今、席を外しております。

12 at the moment
今このとき

🌐 right now も使える。

I'm sorry, but she has a visitor <u>at the moment</u>.
すみませんが、彼女は今、接客中です。

13

available [əvéiləbl]
形 出られる

🌐「使える」が原意。not available で「電話に出られない」ということ。

S She's in a meeting, so she's not available right now.
彼女は会議中で、すぐには出られません。

14

reach [ríːtʃ]
他 電話につながる

🌐 get to も同様に使える。

S You can reach me at 070-555-4567.
私のほうへのお電話は 070-555-4567 にお願いいたします。

15

person in charge
担当者

🌐 相手が知らない社内担当者に回すときに使う。

S I'll transfer you to the person in charge.
担当者におつなぎいたします。

16

off duty
休んでいて

🌐「出勤していて」は on duty、また単に in で表す。

S I'm afraid Mr. Jones is off duty today.
ジョーンズは今日はお休みをいただいております。

[電話・メール] 17 → 24

17 **call in sick**
病欠の電話をする

⊕「病欠」は sick leave と言う。

(S) He's just called in sick.
彼はさっき病欠の電話をしてきました。

18 **spell** [spél]
他 つづる

⊕ 電話相手の名前のつづりを聞くときに使う。May I have the spelling, please? でもOK。

(S) Could you spell your name, please?
お名前のスペルをお教えいただけますか。

19 **concerning** [kənsə́ːrniŋ]
前 ～に関して

⊕ 用件を明示するのに使う。regarding も OK。

(S) I'd like to make a complaint concerning my order.
私の注文品についてクレームがあるのですが。

20 **voicemail** [vɔ́ismèil]
名 ボイスメール；留守録

⊕ 留守録のシステム、または音声メッセージのこと。「音声メッセージ」は voicemail message と呼ぶことも。

(S) Would you like to leave a voicemail for Ms. Cramer?
クレイマーにボイスメールをお残しになりますか。

21

let me check
確認させてください

🌐 用件確認をするため、電話の相手に待ってもらうときに使う決まり文句。

S <u>Let me check</u> to see if she's in her office.
彼女が会社にいるかどうか確認いたします。

22

repeat [ripí:t]
他 くり返す

🌐 電話番号やメールアドレスを復唱するときに使う。

S I'll <u>repeat</u> your e-mail address: bob@iviz.ca
あなたのメールアドレスをくり返します。bob@iviz.ca ですね。

23

wrong number
間違い電話

🌐 have the wrong number で「間違い電話をかける」。You must have ～とすることもできる。

S I'm afraid you have the <u>wrong number</u>.
間違い電話かと思います。

24

jot down
書き留める

🌐 「簡単にメモする」という意味。write down でもかまわない。

S I'll <u>jot down</u> these serial numbers.
このシリアル番号を書き留めます。

[電話・メール] 25 → 32

25
conflict [kánflikt]
名 スケジュールの重複

⊕ アポを入れるときに使う。文字通りは「衝突」で、予定が「衝突→重複」すること。

Tom, would setting up a 9:00 A.M. meeting make a schedule conflict?
トム、午前9時に会議を入れると、スケジュールが重複してしまわないかい？

26
convenient [kənvíːniənt]
形 都合がいい

⊕ 人を主語には使えないので注意。at your earliest convenience は「ご都合がつく限り早く」という丁寧な催促の表現。

Which day is convenient for you?
どの日がご都合がよろしいですか。

27
bear with me
付き合う

⊕ 文字通りは「私と一緒にいることを我慢する」という謙譲表現。

Please bear with me one moment.
少しお時間をよろしいでしょうか。

28
catch [kǽtʃ]
他 捕まえる

⊕ 「連絡がつく」という意味で使う。reach でもOK。

You might catch him on his mobile phone.
携帯電話にかければ彼を捕まえられるかもしれません。

29 reminder [rimáindər]

名 思い出させるもの；注意喚起；督促状

💬 相手が忘れていそうなことを思い出させるときに使う。

S I'm calling you with a reminder about your dental appointment.

歯医者の予約を思い出していただけるようお電話しています。

30 keep you posted

最新情報を伝える

💬 post は動詞で「最新情報を報告する」の意味。単に「連絡を取り続ける」なら keep in touch with you が使える。

W I'll keep you posted on our progress.

進行については、最新情報をお知らせします。

31 ASAP [éisæp]

副 できる限り早く

💬 as soon as possible の省略形。会話でもメールでも使える。

W Please e-mail me back ASAP.

できるだけ早く、返信のメールをお願いします。

32 text [tékst]

他 テキストメッセージを送る

💬 e-mail と同様に動詞として使える。Google も動詞として使え、Google it. (ググって) などと言う。

W Text me when you get to the airport.

空港に着いたら、テキストメッセージをください。

[電話・メール] 33 → 40

33. reply [riplái]
自 返信する　名 返信

※ respond も同意で使える。

Please reply to this e-mail at your earliest convenience.
できるだけ早く、このメールへの返信をお願いいたします。

34. with reference to
〜に関して

※ 話題を示すのに使う。with regard to、regarding なども同意。

I am writing with reference to your ad for an accountant assistant.
経理補助を募集する広告について書いています。

35. look forward to
〜を期待して待つ

※ to の後ろは名詞か動名詞を続けることに注意。動詞原形は不可。

I look forward to hearing from you soon.
すぐにご連絡をいただければありがたいです。

36. acknowledge [əknálidʒ]
他 受け取りを知らせる

※ 「認める」が原意だが、通信では請求書・荷物など重要なものを「受け取った事実を送り手に報告する」という意味で使う。

Could you please acknowledge this fax?
このファクスを受け取られたら、お知らせください。

37

enclose [inklóuz]
他 同封する

⊕ 名詞の enclosure は「同封物」のこと。include が類語。

Please find enclosed the final version of the contract.
同封しました契約書の最終案をご覧ください。

38

let me know
(私に) 知らせる

⊕ inform の少しカジュアルな言い方で、口頭でもメールでもよく使う。

Could you let me know the best time to call you at home?
ご自宅にお電話するのに最適の時間をお知らせください。

39

registered mail
書留郵便

⊕「速達郵便」は express mail と言う。

I've sent the forms by registered mail.
申込用紙を書留郵便で送りました。

40

activate [ǽktivèit]
他 起動する

⊕ スマホやセキュリティカードなどを「起動する」という意味で使う。

First activate the laptop by powering it on.
電源を入れて、まずラップトップを起動してください。

[電話・メール] 41 → 44

Track 02

41 sign up for
〜に登録する

🌐 講座やネットショップなどに「登録する；加入する」のに使う。register が同意。

Ⓢ Can I sign up for the seminar online?
ネット上でそのセミナーに登録できますか。

42 attach [ətǽtʃ]
他 添付する

🌐 Attached please find 〜 で「〜 を添付しましたのでご覧ください」。名詞の attachment は「添付書類」。

Ⓦ Attach that spreadsheet to your e-mail before you send it.
送付する前に、そのスプレッドシートをメールに添付してください。

43 sync [síŋk]
他 同期させる

🌐 synchronize の短縮形。スマホ・PC・クラウド間などを「同期させる」のに使う。

Ⓦ This software automatically syncs information on my phone, desktop, and tablet.
このソフトは情報を、私の電話、デスクトップとタブレット上で自動的に同期させます。

44 app [ǽp]
名 アプリ

🌐 スマホ、タブレット上で動くアプリケーションのこと。日本語と呼び名が違うので注意。

Ⓦ This app is convenient for checking stock prices.
このアプリは株価をチェックするのに便利です。

【 もっと知りたい Plus 10 】 45 → 54

注意したいパソコン表現

- □ **screen** [skríːn] 　　　　　　　　名 モニター；画面
- □ **hard drive** 　　　　　　　　　　ハードディスク
- □ **flash drive** 　　　　　　　　　　フラッシュメモリー
- □ **peripheral** [pərífərəl] 　　　　　名 周辺機器
- □ **duplicate** [djúːplikèit] 　　　　　他 複製する
- □ **overwrite** [òuvərráit] 　　　　　他 上書きする
- □ **retrieve** [ritríːv] 　　　　　　　他 検索する；
　　　　　　　　　　　　　　　　　　　（ファイルなどを）回収する
- □ **garbled** [gáːrbld] 　　　　　　　形 （メールなどが）文字化けした
- □ **corrupted** [kəráptid] 　　　　　形 （データが）壊れた
- □ **compress** [kəmprés] 　　　　　他 （ファイルを）圧縮する
  🌐 zip とも言う。「解凍する」は decompress または unzip。

UNIT 03 就活・採用 48語

「就職活動」→「面接」→「採用」という流れで重要語を覚えておきましょう。よく使う単語には決まったものも多いです。

就活・採用のキーワード

就活・採用の単語は一連の流れでイメージしておくとしっかり覚えられます。

「求人広告」は help-wanted ad と言って、応募する仕事は post や position で表します。「〜に応募する」は〈apply for 仕事〉を使い、「応募者」は applicant や candidate と呼ばれます。「履歴書」は résumé です。

「面接」は interview または job interview で、「面接官」は interviewer、「面接を受ける人」は interviewee と言います。面接で問われる「学歴」は academic background、「職歴」は job experience や「実績」という意味の track record を使って表現します。

就活フローと頻出語

❶ 募集側：広告を出す

help-wanted ad/classified ad（求人広告）
position/post（職位）　　job description（職務説明書）

▼

❷ 応募側：応募する

apply for（〜に応募する）　　résumé（履歴書）
reference（推薦状）　　transcript（成績証明書）

▼

❸ 募集・応募側：面接

interview（面接）　　requirement（要件）
academic background（学歴）　　track record（実績）
expertise（専門知識）　　selling points（セールスポイント）
passion（情熱）　　extrovert（外向的な）

▼

❹ 募集側：採用する

hire/employ（採用する）　　new recruit（新入社員）
starting salary（初任給）　　fringe benefits（付加給付）

[就活・採用] 1 → 8

Track 03

1. seek [síːk]
他 探す

🌐「(仕事を) 探す」には他に look for もよく使う。

I'm seeking work in the apparel industry.
私はアパレル業界の仕事を探しています。

2. position [pəzíʃən]
名 職位；仕事

🌐 会社内の「職位；役職」のこと。post とも言う。

This is just the position that I've been looking for.
これはまさに私が探していた仕事です。

3. vacant [véikənt]
形 欠員の；空位の

🌐 名詞の vacancy を使って job vacancy で「求人」の意味を表せる。

Now there are over 10 vacant positions in the firm.
その会社には今、10以上の空きポストがある。

4. help-wanted ad
求人広告

🌐 wanted は「求人中の」の意味。求人は「小さく区分けされた」広告として出されるので classified (ad) とも呼ばれる。

Our help-wanted ads are placed both online and in print.
当社の求人広告はネットと印刷媒体の両方に掲載されています。

5. job description
職務説明書

🌐 職責、勤務時間、業務内容、服装規定など、職務の詳細を書いたもの。

Please review the job description before applying for it.

応募する前に、職務説明書をよく読んでください。

6. apply for
〜に応募する

🌐 名詞の application は「応募」「応募書類」の意味。applicant は「応募者」。

I've applied for a managerial position at a startup.

私は新興企業のマネジャー職に応募しました。

7. candidate [kǽndidèit]
名 候補者

🌐 applicant と同様の意味で使う。

The ideal candidate for this position would have an MBA.

この仕事に理想的な候補者はMBAを取得している方です。

8. switch jobs
転職する

🌐 change jobs、change careers なども同意で使える。

These days, switching jobs is becoming common in Japan.

最近、日本では転職が一般的になってきた。

[就活・採用] 9 → 16

Track 03

9. résumé [rézjuméi]
名 履歴書

🌐 curriculum vitae (CV) とも言う。履歴書の表書きに付ける書類を cover letter (カバーレター) と言う。

W Please send your résumé and cover letter to jobs@tioxcorp.com
履歴書とカバーレターを jobs@tioxcorp.com までお送りください。

10. reference [réfərəns]
名 推薦状；推薦人

🌐 通例は元雇用主 (former employer) にお願いする。履歴書には References available upon request. (求めに応じて推薦状を提出) と記入する。

W Applicants should submit three references for the job.
候補者はこの仕事のために3人の推薦状を提出してください。

11. interview [íntərvjùː]
名 面接 **他** 面接する

🌐 就職や人事評価の際の「面接」を指す。job interview と言うことも。interviewer は「面接官」、interviewee は「面接を受ける人」。

S We'll arrange a job interview with you this week.
今週、あなたとの面接を設定します。

12. shortlist [ʃɔ́ːrtlìst]
他（候補者を）絞る **名** 選抜候補者

🌐 「短いリスト」まで候補者を「絞る」という意味。

S We have to shortlist the candidates for the final interview.
最終面接のために、候補者を絞り込まなければなりません。

13

skill [skíl]

形容詞 skillful は「技能がある」。

名 技能；技術

Mathematic and analytical skills are necessary for this position.

このポストには数学と分析の技能が必要です。

14

proficient [prəfíʃənt]

〈be proficient in〉(〜に熟達した) で覚えておこう。名詞は proficiency (熟達；技量)。

形 熟達した；技量のある

Ted is proficient in four Asian languages: Mandarin Chinese, Japanese, Korean and Vietnamese.

テッドはアジアの4言語に堪能だ。標準中国語、日本語、韓国語、ベトナム語である。

15

requirement [rikwáiərmənt]

職務に「必要な条件」を示す。形容詞 required は「必須の」。preferred なら「(〜あれば) 尚可」の意味。

名 要件

I'm afraid I lack one of the position requirements.

私はその仕事の要件を1つ欠いていると思います。

16

certificate [sərtífikət]

a medical certificate で「医療診断書」、a teaching certificate で「教員免状」。

名 証明書；免状

We need to see your mechanical engineering school certificate.

整備工学校の免状を見せてください。

[就活・採用] 17 → 24　　　　　　　　　　　　　　　　　　Track 03

17

academic background
学歴

⊕ educational background とも言う。

Ⓢ Let's start by talking about your academic background.
まずあなたの学歴について話すことから始めましょう。

18

major [méidʒər]
名 専攻　自 専攻する

⊕ 動詞としては major in で「〜を専攻する」。「副専攻」は minor と言う。

Ⓢ My major was Finance, so I got into foreign exchange markets.
私の専攻は金融だったので、外国為替市場の世界に入りました。

19

master's degree
修士号

⊕ doctor's degree で「博士号」、bachelor's degree で「学士号」。

Ⓢ I have a master's degree in computer science from California University.
私はカリフォルニア大学でコンピュータサイエンスの修士号を取得しています。

20

transcript [trǽnskript]
名 成績証明書

⊕ 米国の言い方で、英国では record card と呼ばれる。「成績」は grade と言う。

Ⓦ You must submit your college transcript with your job application.
就職申込書とともに、大学の成績証明書を提出しなければなりません。

21. aptitude [ǽptitjùːd]
名 適性；素質

an aptitude test で「適性検査」。

She has a special aptitude for biology.
彼女は生物学への特別な適性がある。

22. competent [kάmpətənt]
形 有能な；力量のある

capable や able が類語。

Chloe is quite competent with industrial tools.
クロエは工具を使うのがとても上手だ。

23. qualification [kwὰlifikéiʃən]
名 資格；適性

形容詞は qualified（資格のある；適性のある）。

Mary has excellent educational qualifications, but no work experience.
メアリーは教育の資格はすばらしいのですが、業務経験がありません。

24. expertise [èkspərtíːz]
名 専門知識；専門技能

特定の職業分野に必要な知識や技能のこと。technical expertise（技術の専門技能）

A high level of expertise in risk assessment is required for this opening.
この求人にはリスク評価の高度な専門技能が求められます。

[就活・採用] 25 → 32

25 experienced [ikspíəriənst]
形 職歴のある；経験のある

⊕ 〈be experienced in〉で「〜の経験がある」。

This candidate is highly experienced in global marketing.

この候補者はグローバルマーケティングに豊富な経験がある。

26 motivated [móutəvèitid]
形 意欲のある

⊕ 動詞 motivate（動機づける）の過去分詞。

Our team consists of highly motivated staff.

私たちのチームは意欲のとても高いスタッフで構成されている。

27 dedicated [dédikèitid]
形 献身的な；熱心な

⊕ 〈be dedicated to〉（〜に打ち込んでいる）の形もよく使う。

I'm a very dedicated worker and a social person.

私はとても勤勉に働きますし、社交性も備えています。

28 track record
実績；業績

⊕ 会社の実績にも使える。

I think my track record shows that I'm qualified for the position.

私の実績は、私がこの仕事にふさわしいことを示していると思います。

29

passion [pǽʃən]
名 情熱

🌐 enthusiasm も同様の意味でよく使う。

We need someone with passion for automobiles.
私たちは自動車に情熱を持っている人を必要としています。

30

attitude [ǽtitjùːd]
名 姿勢；態度

🌐 仕事に対する「姿勢」のこと。

Maintaining a positive attitude is critical to achieving anything.
前向きの姿勢を持ち続けることは何を成し遂げるにもとても重要である。

31

selling point
セールスポイント

🌐 文字通り selling（売り込む）＋ point（ポイント）のこと。カタカナと異なるので注意。

What's your unique selling point?
あなたの独自のセールスポイントは何ですか。

32

personality [pə̀ːrsənǽləti]
名 性格；個性

🌐 character も同様に使える。

Describe your personality to me in one sentence.
あなたの性格を1文で表現してみてください。

[就活・採用] 33 → 40　　　　　　　　　　　　　　　　　Track 03

33
extrovert [ékstrəvə̀:rt]
形 外向的な

⊕ outgoing が同意。「内向的な」は introvert。

I'm quite an extrovert and a natural salesperson.
私は外向的な性格で、根っからの営業マンです。

34
calling [kɔ́:liŋ]
名 天職；生業

⊕「自分に合った職業」の意味で使う。

I think designing circuits is my calling.
回路を設計することは私の天職だと思います。

35
liaison [liéizən]
名 仲介役；連絡係

⊕ serve as a liaison で「仲介役を務める→意思疎通を図れる」という意味。a liaison office なら「連絡事務所」。

I think I can serve as a liaison between employees and management.
私は社員と経営陣の橋渡しができると思います。

36
techie [téki]
名 コンピュータ技術者；技術屋

⊕ くだけた言い方。なお、geek や nerd は「おたく」という意味で使う。

Sean is a real techie who makes incredible apps.
ショーンはすばらしいアプリをつくる本物の技術者だ。

37

intern [íntə:rn]

名 インターン；研修生

⊕会社に就職する前に「実地研修を受ける人」のこと。その制度は internship（研修制度）。

Every year, we accept a small number of interns from local colleges.

私たちは毎年、地元の大学からインターンを少人数受け入れています。

38

temporary [témpərèri]

形 臨時職の

⊕反意語は permanent（正社員の）。temporary worker は temp と略して使うことがある。

I'm looking for a permanent position, not a temporary one.

私は臨時職ではなく、正社員の仕事を探しているのです。

39

voluntary [vάləntèri]

形 ボランティアの；無償奉仕の

⊕on a voluntary basis で「ボランティアで」。「ボランティア（をする人）」は volunteer。

Fred sometimes works at a daycare center on a voluntary basis.

フレッドはときどき介護施設でボランティアとして働いている。

40

career path

キャリアパス；職業の進路

⊕career は生涯にわたって続ける「職業」を指す。profession や occupation が類語。

You can pursue a variety of career paths in our organization.

当社では、さまざまな進路を追求できます。

[就活・採用] 41 → 48

41
hire [háiər]
他 雇用する；採用する

⊕ employ が類語。「解雇する」は lay off、fire、let go などを使う。

We should hire some temporary staff for the holiday season.
休暇シーズンに向けて、ある程度の臨時スタッフを雇うべきでしょう。

42
new recruit
新入社員

⊕ recruit は「新規採用する」という動詞とともに、「新規採用された社員」も指す。recruit 単独でも同意。

New recruits will be assigned to their departments after three-weeks of training.
新入社員は3週間の研修の後、それぞれの部に配属されます。

43
apprentice [əpréntis]
名 形 見習社員（の）

⊕ 主に技能的な職業の「見習い期間の人」を指す。trainee（見習い；研修生）が近い言葉。

He started his career as an apprentice electrician.
彼は見習い電気技師として仕事を始めた。

44
probation [proubéiʃən]
名 見習い期間

⊕ 正社員になる前の「仮採用の期間」のこと。警察用語では「保護観察」の意味。

As a new employee, you'll be on probation for three months.
あなたは新入社員として3カ月は見習いの待遇になります。

45 starting salary
初任給

🌐「基本給」は base salary、「業績給」は performance-based pay。

We can offer you a competitive starting salary.
当社は高額の初任給を提供できます。

46 fringe benefits
付加給付

🌐年金、保険、休暇、食事手当などを含めたパッケージのこと。

Excellent fringe benefits include insurance, stock options, and even free lunches.
手厚い付加給付には、保険とストックオプション、さらに昼食補助も含まれています。

47 mentor [méntɔːr]
他 指導する　名 指導者；メンター

🌐mentor は本来「師と仰ぐべき人」だが、会社では若手を指導する先輩社員を指す。動詞としても使える。

Isa is responsible for mentoring three junior employees.
イーサは3人の若手社員を指導する責任を負っている。

48 addition [ədíʃən]
名 新メンバー（の参加）

🌐チームや部下に加わった「新メンバー」またはその「参加」を指す。

Alan is a valuable addition to our team.
アランは私たちのチームの貴重な新戦力です。

UNIT 04 人事・オフィス環境 40語

会社の人事と職場の環境についてのキーワードを紹介します。報酬や昇格、福利厚生などはよく使う決まった表現があります。

[人事のキーワード]

「人材」は human resources や personnel と呼びますが、これらはそのまま「人事部」という意味でも使えます。「採用する；雇用する」という意味の動詞は employ ですが、これを名詞にして employer で「雇用主」、employee で「被雇用者」→「従業員」を表します。「社員」は他に、staff などと呼びます。ちなみに、日本では「会社員」のことを「ビジネスパーソン」と呼んだりしますが、英語で businessperson は主に「経営者」を指し、ニュアンスが異なります。

人事ついてよく話題になる raise（昇給）、promotion（昇格）、relocation（転勤）などの言葉も知っておきましょう。

【 Corporate titles ―会社の役職 】

Chairperson（会長）

President/Managing director（社長）
● Managing director は英国の「社長」。

CEO (Chief Executive Officer)（最高経営責任者）
● CEO は Chairperson または President が兼ねるのが一般的。

COO (Chief Operation Officer)（最高執行責任者）
● COO は President または Vice president が兼ねるのが一般的。

Senior vice president（上級副社長）

Vice president（副社長）

Corporate secretary（総務担当役員）
● Corporate secretary および Treasurer は米国の会社法で必要とされる。

Treasurer（財務担当役員）

CFO (Chief Financial Officer)（最高財務責任者）

Director（取締役）

Manager（部課長）

Assistant manager/Supervisor（係長）

Staff/General employee（一般社員）

[人事・オフィス環境] 1→8

1. employee [èmplɔíː]
名 被雇用者；社員

⊕動詞は employ (雇用する)。employer で「雇用者」。

The company has more than 10,000 employees worldwide.
その会社は世界中に1万人を超える社員を抱えている。

2. human resources
人材；人事部

⊕「人的資源；人材」の意味。頭字を大文字にして「人事部」の意味でも使う。

Please contact Human Resources with questions about the new shifts.
新しい交替勤務についての質問は人事部に連絡してください。

3. personnel [pə̀ːrsənél]
名 社員；人事部

⊕集合的に「社員」。「人事部」の意味でも使う。

The company relies on excellent sales personnel.
その会社は優秀な販売スタッフに依存している。

4. evaluation [ivæljuéiʃən]
名 評価

⊕動詞は evaluate (評価する)。staff evaluation で「社員評価」。assessment が同意で使える。

Managers are supposed to submit staff evaluations by November 9.
管理職は11月9日までに部下の評価を提出しなければならない。

5. performance [pərfɔ́:rməns]

名 実績；業績

◉ 動詞 perform（実行する）の名詞形で、「実行されたこと」→「実績」の意味。

How was your performance rated in your last review?
最新の考課であなたの実績はどのように評価されましたか。

6. raise [réiz]

名 昇給　他 昇給させる

◉ get a raise で「昇給する」の意味。

I got a raise after setting a sales record last year.
去年、販売記録をつくった後、私は昇給しました。

7. promote [prəmóut]

他 昇格［昇進］させる

◉「〜に昇格する」とするには受け身にして、〈be promoted to 役職〉の形を使う。名詞は promotion（昇格；昇進）。

She was promoted to R&D manager.
彼女は研究開発部長に昇格した。

8. transfer [trænsfə́:r]

他 転勤させる

◉「転勤する」とするには受け身にして、〈be transferred to 転勤地・新部門〉の形を使う。

Aki will be transferred to the London branch.
アキはロンドン支社に転勤になる。

[人事・オフィス環境] 9 → 16　　Track 04

9 compensation [kɑ̀mpənséiʃən]
名 報酬；給与

「補償金」の意味もあるが、「給与」でも使う。「給与」は他に pay、payment、paycheck、salary など。wage は「日給；週給」の意味。

We offer a competitive compensation package.
当社は他社に負けない報酬パッケージを提供しています。

10 commission [kəmíʃən]
名 歩合給

on commission で「歩合給で」。

The pay for insurance salespeople is basically commission-based.
保険販売員の給与は基本的に歩合給ベースです。

11 be entitled to
〜の権利がある

to の後は名詞も動詞原形も可。〈be eligible for 名詞〉が同様の意味の表現。

All staff are entitled to transportation and housing allowances.
全社員が交通費と住宅手当を支給されます。

12 annual leave
年次（有給）休暇

「有給」を明示するには annual paid leave とする。

An employee has a right to take annual leave of at least 20 days.
社員は20日以上の年次休暇を取る権利がある。

13
incentive [inséntiv]
名 奨励措置；インセンティブ

🌐 業績給、ボーナス、ストックオプションなどの仕事を動機づける措置のこと。

Incentives include a results-based bonus.
インセンティブには業績連動賞与も含まれている。

14
stock option
ストックオプション

🌐 一定期間内に、社員が定められた価格で自社株を購入できる権利。株価が上がれば権利を行使して差益を得られる。下がれば権利を行使しなければいい。

Does your new job come with **stock options**?
君の新しい仕事にストックオプションは付いているの？

15
insurance plan
保険制度

🌐 pension plan は「年金制度」。

We provide complete benefit packages, including **insurance** and pension **plans**.
当社は保険と年金を含む完全な給付パッケージを提供します。

16
checkup [tʃékʌ̀p]
名 健康診断

🌐 medical checkup や health checkup とも言う。

Employees are encouraged to get a yearly medical **checkup**.
社員は年次の健康診断を受けることが奨励されています。

[人事・オフィス環境] 17 → 24

Track 04

17 appoint [əpɔ́int]
他 指名する；任命する

⊕〈appoint A B〉で「AをBに指名する」。例文は受け身になっている。

Chris Archer will be appointed the next president by the board.
クリス・アーチャーは取締役会により次期社長に指名されるだろう。

18 designate [dézignèit]
他 指名する；割り当てる

⊕〈designate A B〉(AをBに指名する)の形もとる。

The firm's president will designate his successor soon.
その会社の社長はもうすぐ後継者を指名するだろう。

19 replacement [ripléismənt]
名 後任(者)

⊕人事では「後任の者」を指す。「交換部品」の意味でも使う。動詞 replace は「交換する；交代させる」。「前任者」は predecessor。

His replacement as CFO was Maria Jimenez.
最高財務責任者であった彼の後任はマリア・ヒメネスになった。

20 former [fɔ́:rmər]
形 前任の；前の

⊕「前任の」の意味では、previous や ex- も使う。ex-president で「元社長」。

The new manager is different from the former one in many ways.
新しい部長は、前任の部長と多くの点で異なっている。

21. take over
～を引き継ぐ

※役職を「引き継ぐ」のに使う。他の企業を「買収する」という意味もある。

Bill will take over my job while I'm on vacation.
私の休暇中は、ビルが私の仕事を引き継ぎます。

22. step down
退任する

※主に、社長などの上級幹部が「退任する」のに用いる。

CEO Merrill Stuart will step down after the annual shareholders' meeting.
メリル・スチュアートCEOは、年次株主会議を終えた後に退任する予定だ。

23. retire [ritáiər]
自 退職する；引退する

※定年などで「退職する」こと。名詞はretirement（退職）。

My boss retired last year and moved to a small town.
私の上司は昨年、退職して、小さな町に引っ越しました。

24. lay off
～を解雇する

※今では「一時解雇」の意味はなく、「永久解雇」の意味で使うことが多い。

The company is planning to lay off 10% of its staff.
その会社は社員の10%を解雇する計画をしている。

[人事・オフィス環境] 25 → 32

Track 04

25 **severance pay**
解雇手当

⊕ 解雇に伴う一時金。「退職金」は retirement pay などと言う。

Laid-off workers are eligible for severance pay.
解雇される労働者は解雇手当を受け取ることができる。

26 **redundant** [ridʌ́ndənt]
形（労働力が）余剰な

⊕ 英国では「解雇された」の意味で使う。

Some staff became redundant after the merger.
合併の後で、何人かの社員が余剰となった。

27 **outplacement** [áutplèismənt]
名 再就職支援

⊕ 人員削減を行う会社が、退職者の職探しを支援すること。

The company provides outplacement services to laid-off employees.
会社は解雇される社員に再就職支援サービスを提供している。

28 **morale** [mərǽl]
名 志気；モラール

⊕「仕事への意欲」のこと。moral（倫理）と区別しよう。

Our team's morale is high.
我々のチームの志気は高い。

29

ownership [óunərʃip]

名 責任意識；所有権

● 本来は「所有権」の意味だが、会社では「責任意識；当事者意識」の意味でよく使う。

The president wants employees to have a sense of ownership.

社長は社員に責任意識をもつことを求めている。

30

telecommute [téləkəmjùːt]

自 在宅勤務をする

● telework や work from home などとも言う。

Telecommuting is common in this company, so the office looks a little empty.

この会社では在宅勤務がふつうなので、オフィスは閑散としています。

31

tardiness [táːrdinəs]

名 遅刻

● 形容詞 tardy（遅れた）の名詞。「欠勤」は absence。

He was dismissed because of his repeated tardiness.

彼は遅刻をくり返して解雇された。

32

labor union

労働組合

●「団体交渉」は collective bargaining、「妥結」は settlement。

The labor union is demanding pay increases from management.

労働組合は経営側に昇給を要求している。

[人事・オフィス環境] 33 → 40

Track 04

33 **code of conduct**
行動規定

⊕ code は「規則；規範」、conduct は「行動」の意味。

The company's code of conduct applies to all managers and employees.
会社の行動規定はすべての管理職と従業員に適用される。

34 **diverse** [divə́ːrs]
形 多様な

⊕ 名詞の diversity（多様性；ダイバーシティ）もよく使う。

Our company has multinational staff and diverse cultures.
我が社は多国籍の社員と多様な文化をもっています。

35 **gender** [dʒéndər]
名 性；ジェンダー

⊕ gender gap で「性差別」、gender difference で「性差」。sex が「身体的な性」を意味するのに対して、gender は「社会的・文化的な性」を意味する。

The gender pay gap has been gradually shrinking in Japan.
日本では、性による給与格差は徐々に縮小してきている。

36 **LGBT**
性的少数者

⊕ L = lesbian（女性同性愛者）、G = gay（男性同性愛者）、B = bisexual（両性愛者）、T = transgender（性同一性障害者）。

LGBT equality is guaranteed in our workplace.
私たちの職場では性的少数者の平等が保証されます。

37 grievance [gríːvəns]
名 苦情；不平

会社による不当・不法な処遇に対して、社員が訴える「苦情」のこと。file a grievance で「苦情を訴える」。

Any employee can file a grievance regarding workplace issues.
職場の問題について、すべての社員が苦情を訴えることができる。

38 seniority [siːnjɔ́ːrəti]
名 年功

seniority system (年功制度)

Our firm no longer promotes solely on seniority, but on results.
当社は年功のみによる昇格は取りやめ、実績に基づいて昇格を行います。

39 fire drill
防火訓練

drill は「訓練」「演習」のこと。「害虫駆除」は pest control などと言う。

A fire drill will be held at noon on October 14.
防火訓練は10月14日の正午に実施されます。

40 chore [tʃɔːr]
名 決まった仕事；雑務

office chores で「事務仕事」、household chores で「家事」。

The office chores schedule is posted in the employee lounge.
オフィスの雑務のスケジュールは社員ラウンジに掲示されています。

UNIT 05 会議をする 48語

英語の会議ではよく使うキーワードがあるので、それを覚えておくことが会議をスムーズに進めるコツです。

[会議のキーワード]

会議の「議題」はagendaと言って、「議論する項目のリスト」のことです。「司会をする」はchairやpreside overを使います。会議のattendee（出席者）に配布される「資料」はhandout、ボードなどに表示される「図表」はchart、「数字」はfiguresやstatisticsと呼びます。「議事録を取る」はtake minutes [notes] です。

「賛成」はagreeやbe in favor ofで表し、「反対」はcannot agreeやbe againstで表明します。議論が本筋からそれた（off track）ときには、司会者はLet's get back on the right track. と言って、軌道修正しないといけません。

議論を尽くしたら、conclusion（結論）を導きます。unanimous（全会一致）であればベストですが、案件によってはvote（投票）で決します。

[会議のフロー]

❶ Opening　オープニング

Let's get started.（始めましょう）
The main purpose of this meeting is ～
（この会議の主な目的は～です）

▼

❷ Presentation　意見発表

Now I'll present ～（それでは～を発表します）
We must find out a solution for ～
（～の解決策を見つけなければなりません）

▼

❸ Discussion　議論

I'm in favor of ～（～に賛成します）
I can see a problem with ～（～に問題があります）
I have an objection.（反対意見があります）

▼

❹ Conclusion　決定

It's time that we make a conclusion.
（結論を出す時間がきました）

▼

❺ Closing　クロージング

I'd like to summarize today's meeting.
（今日の会議の内容をまとめてみたいと思います）
It's time to wrap up the meeting.（会議を終える時間です）

[会議をする] 1 → 8

Track 05

1. hold [hóuld]
他 (会議を) 開く

⊕ hold には会議やイベントを「開く；開催する」の意味がある。have a meeting とも言う。

The afternoon meeting will be held in Conference Room B.

午後の会議は会議室Bで開かれます。

2. chair [tʃéər]
他 司会をする；議長を務める

⊕ moderate や preside over も使える。

Roy will chair today's sales meeting.

ロイが今日の営業会議の司会をします。

3. facilitate [fəsílətèit]
他 円滑に進める；仕切る

⊕ 物事を「スムーズに管理運営する」の意味でビジネスでよく使う。facilitator は「進行役；まとめ役」の意味。

Ken is quite experienced in facilitating a meeting.

ケンは会議を仕切るのにとても慣れている。

4. brainstorming [bréinstɔ̀:rmiŋ]
名 ブレスト；アイデア会議

⊕ brainstorm には「ひらめき；名案」の意味があり、brainstorming で「アイデアを出すために議論する打ち合わせ」。brainstorming session とも言う。

This brainstorming session is to draw out ideas for our new campaign.

このブレストは私たちの新しいキャンペーンのためのアイデアを出すのが目的です。

5. agenda [ədʒéndə]
名 議題；予定表；課題

list of items が原意で、いくつかの項目が並んでいるものを指す。仕事などの「予定表；スケジュール」の意味もある。

There are several items on the agenda in this meeting.
この会議の議題には数件の項目があります。

6. handout [hǽndàut]
名 配付資料；プリント

会議などで参加者に配られる資料・ペーパーのこと。動詞句の hand out は「～を配布する」の意味。

Could you look at the delivered handout?
お配りした資料をごらんください。

7. statistics [stətístiks]
名 統計数字

売り上げの数値データなどを指す。figures も同様の意味で使える。

These are the sales statistics for the last six months.
これらは、直近6カ月の販売数字です。

8. chart [tʃɑ́ːrt]
名 グラフ；図

pie chart (円グラフ)、bar chart (棒グラフ)、line chart (折れ線グラフ) も覚えておこう。graph でももちろんOK。なお、table は「表」、figure は「図表」の意味で使う。

The pie chart indicates our market share of the audio player market.
この円グラフは、オーディオプレーヤー市場の我々のシェアを示しています。

[会議をする] 9 → 16

Track 05

9. **visual aids**
視覚資料

⊕ ビデオ資料や写真、図表、タブレット、オーバーヘッドプロジェクター (OHP) などを指す。

I'll use visual aids for today's presentation.
今日のプレゼンには視覚資料を使います。

---

10. **minutes** [mínəts]
名 議事録

⊕ take the minutes で「議事録を取る」。notes や proceedings も使う。scribe は「書記係」。

May I ask you to take the minutes of the meeting?
会議の議事録を取ってもらえませんか。

---

11. **proposal** [prəpóuzəl]
名 提案；申し出

⊕ make a proposal で「提案をする」。結婚の「プロポーズ」の意味でも使う。動詞は propose (提案する；提出する)。

I have a proposal on this matter.
この件については提案があります。

---

12. **issue** [íʃuː]
名 議題；問題点

⊕ 個別の「議題」の意味では、他に topic、matter、theme などもよく使う。

Let's get started with the first issue: budget cuts.
最初の議題である予算削減から始めましょう。

13

regarding [rigá:rdiŋ]
前 〜に関して

🌐 話のテーマを明示するのに使う。as for や concerning が類語。

S What is your suggestion regarding this promotion?
この販売促進について、どんなアドバイスがありますか。

14

present [prizént]
他 発表する；報告する；紹介する

🌐 会議で計画や提案などを説明するときに使う。名詞は presentation（プレゼン；口頭発表）。

S Now I'll present a new expansion plan for India.
それでは、インドでの拡張計画を発表いたします。

15

review [rivjú:]
他 見直す；慎重に調べる
名 再検討；調査

🌐 文字通りは re-（再度）＋ view（見る）の意味だが、「慎重に見る」の意味でも使う。名詞で使って under review で「検討中で」。

S First of all, I'd like to review the results of our investigation.
まず、我々の調査結果を検討したいと思います。

16

update
他 [ápdèit | ˊ ˋ] 最新情報を知らせる
名 [ˊ ˋ] 最新情報

🌐 ソフトのアップデートでおなじみだが、英語では動詞で「最新情報を知らせる」、名詞で「最新情報」の意味で使える。

S I'll update you on our current sales campaign.
現在の販売キャンペーンの最新情報をお知らせします。

[会議をする] 17 → 24

17 outline [áutlàin]
他 概略を説明する；要点を述べる

※ 英語では動詞としても「アウトラインを説明する」の意味でよく使う。

Miki will outline our choices in this matter.
この問題での我々の選択肢についてミキが説明します。

18 specific [spəsífik]
形 具体的な；明確な

※ detailed が近い意味。specify という動詞は「具体的に話す」。

Could you be more specific?
もう少し具体的に説明してもらえますか。

19 summarize [sʌ́məràiz]
他 要約する

※ sum up が類語。名詞は summary (要約)

I'd like to summarize the facts that I presented earlier.
以前紹介した事実を要約したいと思います。

20 overview [óuvərvjù:]
名 概要

※ 文字通り「おおづかみに見ること」。動詞としても「概観する」の意味で使える。

Your overview of our competitor's strategies was concise and effective.
競合会社の戦略についてのあなたの要約は正確で役立つものでした。

21 evidence [évidəns]

名 根拠；証明

⊕ 主張の「根拠」を示すときに使う。proof などが類語。形容詞は evident (明白な；明らかな)。

The positive responses on our survey are evidence of our success.

私たちの調査への好意的な反応は、私たちが成功していることの証明です。

22 as far as

〜に関するかぎり

⊕ 話の範囲を限定するのに使う。as far as I know で「私の知っているかぎり」。

As far as I'm concerned, this is our best option.

私が考える限り、これが最良の選択肢です。

23 address [ədrés]

他 取り組む；扱う；演説する

⊕ 動詞で使うと「(問題などに) 取り組む」の意味がある。tackle や deal with が同様の意味。address a conference なら「会議で演説する」。

How should we address the rapid increase in customer complaints?

顧客のクレームが急増していることにどう対応すべきでしょうか。

24 solution [səlúːʃən]

名 解決 (策)

⊕ 動詞は solve (解決する)。resolution が類語。

We must find a solution to this problem immediately.

この問題には早急に解決策を見つけなければなりません。

[会議をする] 25 → 32　　　Track 05

25 in favor of
〜に賛成で

⊕ favor は「賛成；支持」の意味。「〜に賛成で」は for でも表せる。

I'm in favor of the basic terms you proposed.
あなたが提案した基本的な条件に賛同します。

26 be opposed to
〜に反対で

⊕「〜に反対で」は against でも表せる。

Some members are still opposed to the restructuring plan.
メンバーの何人かはまだ再編計画に反対しています。

27 objection [əbdʒékʃən]
名 反対意見

⊕ 挙手して Objection! と言えば「異議あり」ということを表明できる。make an objection で「異議を唱える」。

Is there any objection to this motion?
この動議に反対意見はありますか。

28 assume [əsjúːm]
他 想定する；前提とする

⊕ 名詞は assumption (想定；前提)。

I assume we can hire only five people to do this job.
この業務を行う人員は5人しか採用できないと想定しています。

29

argue [áːrgjuː]
他 主張する；論じる

⊕ 否定文で I can't argue with that. とすれば「それに反論はない」の意味。

S Beth argues that the proposed deadline isn't realistic.
ベスは、提案された納期が現実的でないと主張している。

30

point of view
視点；観点

⊕ 〈form ~ point of view〉で「~の視点・立場では」。

S From a financial point of view, this alliance is very promising.
財務の観点からは、この提携は非常に有望です。

31

emphasize [émfəsàiz]
他 強調する

⊕ 「強調する」意味の動詞は他に stress、underline、highlight などがある。

S I cannot emphasize enough the importance of teamwork.
チームワークの大切さについては十分に強調できないくらいです。

32

clarify [klǽrəfài]
他 明確にする

⊕ 「理解しやすいようにわかりやすく説明する」という意味で使う。make clear も同様の意味。

S Can you clarify what you're proposing?
提案している内容を明確にしてもらえますか。

[会議をする] 33 → 40

33 brief [bríːf]
形 (時間的に) 短い；簡潔な

⊕ Please be brief. で「短い時間で話してください」の意味。succinct や terse などが類語。

S Please be brief, because we have little time left.
時間がもうあまりないので、手短にお願いします。

34 consensus [kənsénsəs]
名 合意；コンセンサス

⊕ reach a consensus で「意見の一致を見る」、by consensus で「総意により」。

S We need to reach a consensus on this matter very soon.
この件では早急に合意しなければなりません。

35 on the same page
同じ考えである；合意している

⊕ 会議・交渉参加者が「同じ考えである」という意味で使う。

S I want to make sure that we are on the same page.
私たちが同じ考えであることを確認したいと思います。

36 get to the point
核心に触れる；要点を突く

⊕ to the point で「的を射た；要点を突いた」の意味。brief and to the point (簡明で的を射た)

S I'd like to get to the point and explain the problem.
本論に入って、この問題を説明したいと思います。

37

move on to
〜に移る

会議で次の議題に移るときに使う。move forward to や proceed to も使える。

S Let's move on to the next item on our agenda.

それでは、議題の次の項目に移りましょう。

38

get back on the right track
本論に戻る

議論が本筋から離れているとき、元に戻すよう促すのに使う。「本筋から離れている」ことは off track で表せる。

S It is time for us to get back on the right track.

私たちは本論に戻る時間です。

39

clockwise [klákwàiz]
副 時計回りに　形 時計回りの

司会者が参加者を順番に当てて発言を求めるときに使う。anticlockwise で「反時計回りに」。

S I'd like you to state your opinions on this matter, going clockwise around the table.

この件について、テーブルの時計回りに各自の意見を言ってください。

40

buy-in [báiin]
名 承認

株などの「買い付け」が原意だが、上司などの「承認」の意味でも使う。

S We have the president's buy-in, so we can proceed with this project.

社長の承認を取り付けたので、このプロジェクトを進められる。

077

[会議をする] 41 → 48

Track 05

41 alternative [ɔːltə́ːrnətiv]
名 選択肢；代わりのもの
形 代わりの

⊕ have no alternative で「選択の余地がない」。option や choice が類語。

Our only **alternative** is to work harder.
我々の唯一の選択肢は、さらに懸命に働くことだけです。

42 obstacle [ábstəkl]
名 障害

⊕ 〈an obstacle to ～〉で「～への障害」。barrier や hurdle が類語。

Actually, there is still one big **obstacle**: the shareholders' opposition.
実のところ、まだ大きな障害が1つあります。株主の反対です。

43 conclusion [kənklúːʒən]
名 結論；決定

⊕ make a conclusion で「結論を下す」。in conclusion で「結論としては」。なお、例文で It's time that の後は仮定法なので過去形を使っている。

It's time that we arrived at a satisfactory **conclusion** on the merger.
合併について満足のいく決定を下す時間です。

44 unanimous [junǽniməs]
形 全会一致の

⊕ 会議の決定が「全会一致である」という意味で使う。反意語は divided (意見が割れた)。

All the board members are **unanimous** in supporting the decision.
すべての役員会のメンバーがその決定に全会一致で賛成しています。

45 vote [vóut]
自 採決する；投票する
名 採決；投票

▶ vote for [against] で「～に賛成票 [反対票] を投じる」。

We've spent enough time, so let's vote.
十分な時間を使いましたので、採決しましょう。

46 wrap up
～を終える

▶ 会議や仕事などを「終える」の意味でよく使う。

It's time to wrap up the meeting.
会議を終える時間です。

47 convene [kənvíːn]
他 招集する；開催する

▶ 反意語は adjourn (休会にする；中断する)。

An urgent board meeting was convened last night.
昨夜、緊急の役員会が招集された。

48 follow-up meeting
フォローアップ会議

▶ 動詞句 follow up は「～を追跡する」の意味。follow-up research で「追跡調査」。

I'll arrange the follow-up meeting sometime next week.
来週のどこかで補足の会議を設定します。

UNIT 06 交渉・契約 50語

他社やクライアントとの交渉によく出る表現です。交渉がまとまり、契約する段階で使うキーワードも紹介します。

【 交渉のキーワード 】

　ビジネスの交渉では、自分たちの考えをしっかりと主張しなければなりません。基本的に双方が利益を得ることができる取引がベストです。英語ではこれを a win-win deal（ウインウインの取引）と呼びます。

　交渉で互いが示し合う「条件」は terms や conditions で、合わせて terms and conditions と呼ぶこともあります。条件が「受け入れられる」は acceptable、「交渉で変更できる」なら negotiable と表現します。最後の段階で「歩み寄る」は meet halfway、「譲歩する」には concede や compromise を使います。「取引をまとめる」は finalize a deal などと表現します。

[交渉・契約] 1 → 4

Track 06

1. negotiable [nigóuʃiəbl]
形 交渉の余地がある

◉「価格・条件などが交渉次第で変えられる」という意味。動詞は negotiate (交渉する)。

S The price and deadline are negotiable.
価格と納期は交渉可能です。

2. acceptable [əkséptəbl]
形 受け入れられる

◉動詞 accept (受け入れる) の形容詞形。「本意ではないが、受け入れることは可能である」というニュアンス。

S The price you offered is not acceptable.
御社が提示する価格は受け入れられません。

3. price per unit
単価

◉per は「〜あたり」の意味。per year なら「年単位で」。

S This lithium battery's price per unit is €12.
このリチウム電池の単価は12ユーロです。

4. terms and conditions
条件

◉terms も conditions のどちらも「条件」の意味で、それぞれ単独でも使える。

S We can't accept the terms and conditions that you've offered.
我々は御社が提示した条件を受け入れられません。

UNIT 06

[交渉・契約] 5 → 12

5
deal [díːl]
名 取引；契約

🌐 a good deal は「利益をもたらす取引」。It's a done deal. で「これで決まりだ」という口語表現。

In terms of price, this is a very good deal for you.
価格の面では、これは御社にとってとてもいい取引ですよ。

6
affordable [əfɔ́ːrdəbl]
形 手ごろな価格の

🌐 動詞 afford（お金・時間に余裕のある）の形容詞形。reasonable と同様の意味で使う。

We're looking for an affordable office around here.
私たちはこの近辺に手ごろな価格の事務所を探しています。

7
win-win [wínwín]
形 双方に利益のある；ウインウインの

🌐「どちらも勝つような」という意味。a win-win deal で「双方に利益の出る取引」。

The amendment created a win-win situation for both parties.
（契約の）修正によって、双方に利益のある状況が生まれた。

8
benefit from
〜から利益を得る

🌐 benefit は名詞で「利益；利得」の意味。

Both firms could benefit from the joint development of an engine.
エンジンを共同で開発することによって、どちらの会社も利益を得られるでしょう。

9. advantage [ədvǽntidʒ]
名 利点；優位

🌐 advantage over a competitor で「競争相手に対する優位」。反意語は disadvantage (不利；欠陥)

There are many advantages to introducing our system.
私どものシステムを導入することには多くの利点があります。

10. face to face
直接；対面で

🌐 talk face to face with で「～と対面で(胸襟を割って)話す」という意味。

We'd better talk face to face with that client.
そのクライアントとは直接会って話したほうがいい。

11. perspective [pərspéktiv]
名 視点；観点

🌐 〈in ~ perspective〉〈in perspective of ~〉で「～の視点[観点]で」。

We have to see the deal in a broad perspective, not a narrow one.
私たちはその取引を狭い視点でなく、広い視点で見るべきでしょう。

12. straightforward [strèitfɔ́:rwərd]
形 率直な；単刀直入な

🌐 交渉で率直な意見を述べる際の前置きに使える。

I'm sorry for being straightforward, but we cannot accept these prices.
単刀直入で申し訳ありませんが、これらの価格を受け入れることはできません。

[交渉・契約] 13 → 20

Track 06

13 **persuade** [pərswéid]
他 説得する

⊕ 〈persuade 人 to do〉（人を説得して do させる）の形でよく使う。

I'll try to persuade the client to finalize the deal.
取引をまとめてくれるようにクライアントを説得してみます。

14 **convinced** [kənvínst]
形 確信している；納得している

⊕ 動詞 convince（説得する）の過去分詞。現在分詞の convincing は「説得力のある」の意味。

We're not convinced that your factory has enough production capacity.
御社の工場に十分な生産能力があることに我々は確信がもてません。

15 **meet halfway**
歩み寄る；譲歩する

⊕ 「（両者の）中間で会う」から交渉などで「歩み寄る」の意味で使う。

We might be able to meet halfway on this issue.
我々はこの問題で歩み寄ることができるかもしれません。

16 **misunderstanding** [mìsʌndərstǽndiŋ]
名 誤解

⊕ 交渉で誤解を解く前置きには I'm afraid there is a misunderstanding.（誤解があるようです）が使える。

Let's discuss the details to avoid any misunderstanding.
誤解を避けるために、詳細について話し合いましょう。

17. common ground
合意点；共通点

🌐 ground は「基礎；土台」の意味。

S After finding common ground, our negotiations became easier.
合意点を見いだした後、我々の交渉は容易になった。

18. compromise [kάmprəmàiz]
名 妥協　自 妥協する

🌐 seek a compromise で「妥協を探る」、reach a compromise で「妥協する」。

S We should reach a compromise as soon as possible.
我々はできる限り早く妥協を図るべきです。

19. stalemate [stéilmèit]
名 行き詰まり

🌐 チェスで「駒が動かせない状態（引き分け）」のこと。交渉などが「膠着した状態」に使われる。deadlock や impasse も同意。

S Our negotiations ended in a stalemate.
私たちの交渉は最終的に行き詰まった。

20. option [άpʃən]
名 選択肢；オプション

🌐 another option で「別の選択肢」。形容詞は optional（選択の余地のある）。

S I think buying 100% of the company shares is the best option for us.
その会社の株式を100％買い取ることが当社にとって最良の選択肢だと思います。

[交渉・契約] 21 → 28

Track 06

21 sleep on
〜についてよく考える

◉「一晩寝てよく考える」が文字通りの意味。「よく考える」には think twice なども使う。

S Please let me sleep on it, and I'll answer you tomorrow.
それについてはよく考えさせてもらって、明日返答します。

22 last say
最終決定権

◉ final say とも言う。物事を「最終的に決定する権限」のこと。

S Who has the last say on this matter?
この件についてはだれに最終決定権があるのですか。

23 agreement [əgríːmənt]
名 合意；契約

◉ reach an agreement で「合意に達する」、a sales agreement で「売買契約」。

S Eventually, we reached an agreement on the purchase deal.
その販売契約で、我々は最終的に合意に達した。

24 draft [drǽft]
名 下書き；草案

◉ the first draft で「最初の草稿」、a draft document で「草案の文書」。

S I'll email you the draft of the contract tomorrow.
明日、契約書の草案をメールで送ります。

25. seal [síːl]

他 調印する；署名する 名 調印

🌐 seal a contract で「契約書に調印する」、seal a deal で「取引を成立させる」。

S We finally sealed the contract.
私たちはついにその契約書に調印しました。

26. signature [sígnətʃər]

名 署名；サイン

🌐 動詞 sign（署名する）の名詞形。契約当事者の2人目が「連署する」は countersign と言う。なお、有名人の「サイン」は autograph である。

S I'll send the contract for your signature.
署名していただくために、契約書をお送りします。

27. party [páːrti]

名 当事者

🌐 交渉や契約においては「当事者；関係者」の意味。party interested、party concerned という表現も使う。

S The two parties will reach an agreement soon.
両者はまもなく合意に達するでしょう。

28. tentatively [téntətivli]

副 仮に；暫定的に

🌐 形容詞は tentative（仮の；暫定の）で、a tentative agreement で「暫定合意」。

S The board tentatively agreed to signing the agreement.
取締役会はその契約に調印することを暫定的に承認した。

[交渉・契約] 29 → 36

Track 06

29 **take effect**
効力を発揮する

◉effect は「効力；効果」の意味。be in effect で「効力があって」。

The contract will take effect as of January 1st.
契約は1月1日に発効します。

30 **expire** [ekspáiər]
自 失効する；期限が切れる

◉名詞は expiration (失効) で、クレジットカードなどの「有効期限」は an expiration date と言う。

The contract shall automatically expire in five years, unless both parties agree to extend it.
この契約は、双方がその継続に合意しない限り、5年後に自動的に効力を失う。

31 **confidential** [kànfədénʃəl]
形 守秘義務のある；機密の

◉a confidential document で「機密の文書」。confident (自信のある) と区別しよう。classified が類語。

The terms of this contract must be kept confidential.
この契約の条件は機密にしなければならない。

32 **exclusive** [iksklú:siv]
形 独占的な

◉動詞 exclude (排除する) の形容詞形。an exclusive contract で「独占契約」。

The firm has an exclusive right to make a film of the novel.
その会社は、その小説を映画化する独占的な権利を有している。

33 comply with
～を遵守する

abide by や conform to が類語。名詞は compliance（遵守；コンプライアンス）。

All the components we provide comply with industry standards.
私どもが提供するすべての部品は工業規準に適合しています。

34 fulfill [fulfíl]
他 履行する；果たす

fulfill obligations（義務を果たす）、fulfill conditions（条件を満たす）。

We can fulfill all the requirements you propose.
我々は、御社の提案する要件をすべて履行することができます。

35 breach [bríːtʃ]
名 違反；不履行　他 違反する

法律や契約の「違反；不履行」に使う。violation や infringement が類語。

Breach of contract may result in its termination.
契約への違反はその解除をもたらすことがある。

36 liable [láiəbl]
形 責任がある

「法的責任がある」の意味で使う。

The supplier is liable to compensate for missing deadlines.
サプライヤーは納期の遅延に対して補償責任を負う。

[交渉・契約] 37 → 40

Track 06

37

reciprocal [risíprəkəl]

形 相互の

◉ 契約内容・条件などが「相互に同じように適用される」という意味。mutual が類語。

The contract provides reciprocal rights and obligations.
契約書は相互の権利と義務を規定しています。

38

article [á:rtikl]

名 条項

◉ 新聞などの「記事」の意味もあるが、契約書・法律の「条項」「条文」の意味でも使う。

Termination of the contract is detailed in the last article.
契約の解除については、最後の条項に詳述されている。

39

dispute [dispjú:t]

名 紛争；議論

◉ 当事者間で「意見が対立している状態」のこと。in dispute で「係争中で；論争中で」。

The two firms are in dispute over the patents.
その2社は特許権をめぐって紛争している。

40

attorney [ətə́:rni]

名 弁護士

◉ 米語で、lawyer と同意。Attorney Ferdinand（フェルディナンド弁護士）のように、名前の前に置く敬称としても使える。

Mark Ferdinand, our attorney, represents our firm in these legal matters.
こうした法務案件については、顧問弁護士のマーク・フェルディナンドが当社を代表します。

[もっと知りたい Plus 10] 41 → 50

契約でよく使う表現

- □ **execute** [éksikjùːt] 他 履行する
- □ **modify** [mádifài] 他 部分修正する
- □ **terminate** [tɔ́ːrminèit] 自 終了する 他 終了させる
- □ **lapse** [lǽps] 自 消滅する；失効する
- □ **stipulate** [stípjəlèit] 他 規定する
  🌐 provide や set forth も同意で使える。
- □ **binding** [báindiŋ] 形 拘束力がある
- □ **waive** [wéiv] 他 放棄する；無効にする
- □ **disclaimer** [diskléimər] 名 免責条項
- □ **ambiguity** [æ̀mbigjúəti] 名 疑義
- □ **arbitration** [àːrbitréiʃən] 名 仲裁；調停

UNIT 07 お付き合い・イベント 40語

ビジネスに社交は欠かせません。パーティーやイベントの表現から、相手に気持ちを伝える表現まで、基本的なものを知っておきましょう。

【 社交のキーワード 】

　初対面の人にはNice to meet you.（お会いできて光栄です）と言って、相手の目を見て笑顔で握手するのが基本です。Thank you very much for your courteous welcome.（心からの歓迎を誠にありがとうございます）、It's my honor to be here with you.（ご一緒できて光栄です）などよく使うものはセンテンスとして丸暗記しておくといいでしょう。

　感情を上手に表す言葉も欠かせません。お礼のMy heartfelt thanks for ～（～に深く感謝いたします）や、贈り物を渡すときのThis is a token of my appreciation.（これは私の感謝のしるしです）などは便利に使えるフレーズです。

[お付き合い・イベント] 1→4

Track 07

1. invite [inváit]
他 招待する

〈invite 人 to イベント〉(人をイベントに招待する)の形も覚えておこう。名詞は invitation (招待)。

Thank you very much for inviting me.
ご招待いただきましてありがとうございます。

2. RSVP
お返事ください

パーティーや会への出欠の返事を求める表現。フランス語の Répondez s'il vous plaît. の略記。Please reply. と同意。

RSVP to t-yamada@skycable.co.jp by May 31st.
5月31日までに t-yamada@skycable.co.jp まで出欠のお返事をお願いいたします。

3. attire [ətáiər]
名 服装

formal attire で「正装」、black attire なら「黒の礼服着用」。holiday attire は「晴れ着;祝祭日の服装」。

Formal attire is necessary for tomorrow's event.
明日のイベントには正装が必要です。

4. reception [risépʃən]
名 宴会;レセプション

a welcome reception で「歓迎レセプション」、a wedding reception で「結婚披露宴」。

The reception will be held at the banquet room in City Hotel.
レセプションはシティホテルの宴会場で開催されます。

[お付き合い・イベント] 5 → 12　　Track 07

5. keynote speaker
基調講演者

⊕ 会の冒頭でスピーチを行う人。a keynote speech で「基調講演」。

S　The keynote speaker is an acclaimed economist, Joan Gonzales.
基調演説者は著名なエコノミストのジョアン・ゴンザレス氏です。

6. here's to
〜に乾杯

⊕ Here's to の次にお祝いする物事を続ける。乾杯のかけ声は Cheers! もある。

S　Here's to a new beginning!
新しい門出に乾杯！

7. make a toast
乾杯する；乾杯の音頭をとる

⊕ 乾杯する対象は後ろに to を付けて続ける。

S　Let's make a toast to the success of our venture.
我々の事業の成功に乾杯しましょう。

8. congratulation
[kəngrætʃəléiʃən]
名 祝辞；おめでとう

⊕ 「おめでとう」と言うときには複数で使い、お祝いの対象は on に続ける。動詞は congratulate (お祝いする)。

S　Congratulations on your promotion as branch manager.
支社長へのご昇進おめでとうございます。

9 honor [ánər]

名 光栄；敬意

⊕ 〈It's my honor to ～〉で「～で光栄です」という決まり文句。

S It's my honor to be here with you.

ここでご一緒できて光栄です。

10 rumor [rúːmər]

名 うわさ

⊕ 例文は初対面のあいさつで使う。こう言われたら、Only good ones, I hope. (いいものだけだといいのですが) などと返そう。

S I've heard many rumors about you.

あなたのおうわさはたくさん聞いております。

11 token [tóukən]

名 しるし

⊕ 気持ちを示す「しるし」のこと。a token of my appreciation (感謝のしるし)、a token of my apology (おわびのしるし) の形で覚えておこう。

S This is a token of my appreciation.

これは私の感謝のしるしです。

12 gratitude [grǽtətjùːd]

名 感謝

⊕ Please accept my sincere gratitude. (感謝の気持ちをお汲みとりください) と相手の立場で表現することもできる。

S I'd like to express my deep gratitude for your generous support.

あなたの惜しみない支援に深い感謝を表明したいと思います。

[お付き合い・イベント] 13 → 20

Track 07

13 **applause** [əplɔ́:z]
名 拍手；喝采

🌐 a round of applause で「盛大な拍手」。

Let's give a round of applause to Monica Reeves, the winner of the Employee of the Year Award.
年間社員賞を受賞したモニカ・リーヴズに盛大な拍手をお願いいたします。

14 **opportunity** [à pərtjú:nəti]
名 機会；チャンス

🌐〈the opportunity to do〉で「do する機会」。例文はスピーチのときの決まり文句。

Thank you for giving me the opportunity to speak to you.
みなさんにお話しをする機会をいただきましてありがとうございます。

15 **pleased** [plí:zd]
形 喜んで

🌐〈be pleased to do〉（喜んで do する）の形で覚えておこう。

I'm very pleased to announce the opening of our new Yangon factory.
当社のヤンゴン新工場が操業開始することを発表するのを非常に嬉しく思います。

16 **help yourself**
自由に食べる［飲む・利用する］

🌐 例文はパーティーなどで相手に飲食を勧める決まり文句。

Please help yourself to anything on the table.
テーブルのものを何でもご自由に召し上がってください。

17

attention [əténʃən]
名 注意；静聴

※ 例文はスピーチを終えたところで言う決まり文句。

S Thank you all for your kind attention.
ご静聴いただき感謝いたします。

18

renowned [rináund]
形 名声のある

※ 人を紹介するときに、ほめ言葉として使える。acclaimed や prestigious も同様に使える。

S A renowned architect, Phil Brown will take the podium.
名だたる建築家であるフィル・ブラウンに登壇していただきましょう。

19

courteous [kə́ːrtiəs]
形 丁重な；思いやりがある

※ a courteous welcome で「心からの歓迎」、a courteous reply で「丁寧な返事」。名詞は courtesy (礼儀；思いやり)。

S Thank you very much for your courteous welcome.
心からの歓迎を誠にありがとうございます。

20

introduce [ìntrədjúːs]
他 紹介する

※ Let me introduce myself. で「自己紹介させてください」。

S Let me introduce you to my colleague, Tim Evans.
私の同僚のティム・エヴァンズを紹介させてください。

[お付き合い・イベント] 21 → 28

Track 07

21
heartfelt [hɑ́ːrtfèlt]
形 心のこもった

⊕ 感謝などを強調するのに使う。wholehearted や sincere などと同様の意味。

S My heartfelt thanks for helping our firm with a loan.
弊社に融資でご支援いただき、深く感謝いたします。

22
cordially [kɔ́ːrdʒəli]
副 心を込めて

⊕ 招待状などオフィシャルな文面でよく使う。形容詞は cordial (心のこもった)。

W You are cordially invited to our 50th anniversary party.
当社の50周年パーティーに心よりご招待いたします。

23
thanks to
〜のおかげで

⊕ This is thanks to your support. (これはあなたのご支援のおかげです) という形でも使える。

W Thanks to your devoted help and advice, we were able to complete the project.
あなたの献身的な支援と助言のおかげで、我々はこのプロジェクトを完了できました。

24
compliment [kɑ́mpləmənt]
名 お世辞;ほめ言葉

⊕ 例文は謙遜した言い方。Thank you for the compliment. (お褒めいただき恐縮です) とも言う。

S I'll take that as a compliment.
ほめ言葉として受け取っておきます。

25

hospitality [hàspətǽləti]

名 もてなし；歓待

⊕ 強調する場合には、generous hospitality（寛大なもてなし）、cordial hospitality（心からのもてなし）などとする。

S I really appreciate your hospitality.
ご歓待に心より感謝いたします。

26

cooperation [kouàpəréiʃən]

名 協力；支援

⊕ 人の協力に感謝するフレーズでよく使う。in cooperation with で「〜と協力して」。

S I'm extremely thankful for your cooperation.
ご協力に深く感謝いたします。

27

apologize [əpálədʒàiz]

自 詫びる；謝罪する

⊕〈apologize to 人 for 謝罪の理由〉の形で覚えておこう。

S I sincerely apologize for causing such trouble.
このようなご迷惑をおかけしたことを心よりお詫びいたします。

28

inconvenience [ìnkənvíːniəns]

名 不便；迷惑

⊕ 例文は、仕事で相手に迷惑をかけたときの決まり文句。

S We are very sorry for the inconvenience.
ご不便をおかけしたことを深くお詫びいたします。

[お付き合い・イベント] 29 → 36

Track 07

29 interrupt [ìntərʌ́pt]
他 邪魔をする

⊕ 人を呼ぶために、会話を中断させるときに使う。sorry to bother [disturb] は仕事を中断させるときにも使える。

Sorry to interrupt, but you have an urgent call, Sara.
お話をお邪魔してすみませんが、サラ、あなたに緊急の電話です。

30 don't hesitate
遠慮しない

⊕ 〈Don't hesitate to do〉で「遠慮なく do してください」。〈Please feel free to do〉も同様の意味。

Don't hesitate to contact me if you have any questions.
ご質問がありましたら、ご遠慮なく私に連絡してください。

31 condolence [kəndóuləns]
名 お悔やみ

⊕ お悔やみを言うときには複数で使う。My condolences to you and your family. という言い方もある。

Please accept my sincere condolences.
本当にご愁傷様です。

32 rain check
またの機会

⊕ 元々はスポーツの試合の「雨天順延券」のこと。転じて、誘いを断るときに「またの機会」の意味で使う。

I cannot go with you now, but can I take a rain check?
今回はご一緒できないのですが、またお誘いください。

33

appointment [əpɔ́intmənt]

名 約束

🌐 appointment は「人との約束」に使う。ホテルや列車の「予約」は reservation である。

Ⓢ I have an appointment with Mr. Singh at 2:00 P.M.
シン様と午後2時に約束をしております。

34

have company

(あなたと) 一緒にいる

🌐 company には「会社」とともに「人と一緒にいること」という意味がある。

Ⓢ I'm pleased to have your company.
ご一緒できて嬉しいです。

35

luncheon [lʌ́ntʃən]

名 昼食会

🌐「フォーマルなランチ」のこと。a luncheon meeting で「昼食会議」。

Ⓢ We'll have a luncheon with a prospective client in Park Hotel.
私たちは、パークホテルで見込み客の人と昼食を取ります。

36

wine and dine

接待する

🌐 文字通りには「お酒と料理でもてなす」という意味。

Ⓢ We'll wine and dine the client this evening.
私たちは今晩、クライアントを接待します。

[お付き合い・イベント] 37 → 40

Track 07

37

split the bill
割り勘にする

🌐 bill (勘定書) を split (割る) より。「ごちそうする」ときは This is on me. (今回は私がもちます) などと言う。

Ⓢ Let's split the bill.
割り勘にしましょう。

38

appetizer [ǽpitàizər]
名 前菜

🌐「主菜」は main dish, main course, entrée などと言う。「食前酒」は aperitif.

Ⓢ What would you like as an appetizer?
前菜は何になさいますか。

39

refill
名 [ríːfil] お代わり
他 [≟ ≟] 注ぎ足す

🌐「おかわり」は another cup [glass] of ~でも表せる。

Ⓢ Do you need a drink refill?
飲み物のお代わりはいかがですか。

40

care for
~を望む;~が好きである

🌐 相手の意向を確認するには、Would you like ~? でももちろんOK。

Ⓢ Would you care for some dessert?
何かデザートをいかがですか。

初対面で役立つひと言

I've wanted to meet you.
以前からお会いしたいと思っていました。

What can I call you?
なんとお呼びしたらいいでしょうか。

How was your flight?
フライトはいかがでしたか。

May I have your business card?
名刺をいただいてもよろしいでしょうか。

How's your business going?
ビジネスは順調ですか。

What kind of work do you do?
どんなお仕事をされているのですか。

I've heard many rumors about you.
あなたのおうわさはたくさん聞いております。

I'm afraid I must be going.
残念ですが、そろそろ行かなければなりません。

It was nice meeting you.
お会いできてよかったです。

I hope you have a good night!
良い夜をお過ごしください。

UNIT 08 出張・海外展開 44語

海外出張はお決まりの表現を使いこなすことが基本です。海外進出の話題でよく使うキーワードも併せて紹介します。

[海外出張のキーワード]

　海外出張で使う言葉は海外旅行とさほど変わりません。itinerary（旅行日程）や accommodations（宿泊施設；ホテル）は出張の準備のときによく使う単語です。空港や機内では、おなじみの checked baggage（預け入れ荷物）、carry-on baggage（機内持ち込み手荷物）、aisle seat（通路側の席）、blanket（毛布）、pillow（枕）など、使う言葉は普通の旅行と変わりません。

　ビジネスパーソン同士の会話では time difference（時差）や jet lag（時差ぼけ）などはよく話題になります。

[出張・海外展開] 1→4

Track 08))

1. itinerary [aitínərèri]
名 旅行スケジュール；予定表

🌐 旅行ルートとスケジュール、またはそれらを記載した書類。

S Could you give me a detailed itinerary of your trip to Brazil?

あなたのブラジル出張の詳細な旅行スケジュールをいただけますか。

2. airfare [éərfèər]
名 航空運賃

🌐 fare には「交通機関の運賃」の意味がある。taxi fare なら「タクシー運賃」。

S What's the airfare for a business class flight?

ビジネスクラスのフライトの航空運賃はいくらですか。

3. destination [dèstənéiʃən]
名 目的地

🌐 旅行やフライトの「目的地」を指す。final destination は別の場所を経由するときの「最終目的地」。

S My final destination is Vienna.

私の最終目的地はウィーンです。

4. delayed [diléid]
形 遅れた

🌐 delay は「遅れさせる」という動詞と、「遅れ」という名詞で使う。

S Sorry, but this flight is delayed because of mechanical problems.

申し訳ございませんが、このフライトは機械の問題のために遅れています。

[出張・海外展開] 5 → 12　　　Track 08

5. overbook [òuvərbúk]

他 予定以上の予約を取る；オーバーブックする

⊕ book は動詞で「予約する」の意味。double-book は「重複して予約を取る」。

S I couldn't board the flight because it was overbooked.
オーバーブッキングのため、その便に乗れませんでした。

6. accommodations [əkàmədéiʃənz]

名 宿泊施設；ホテル

⊕ 複数で使うことが多い。「ホテル・旅館」を指す。

S I need cheaper accommodations.
もっと安いホテルにしたいです。

7. vacancy [véikənsi]

名 空き（室）

⊕ 形容詞は vacant (空いている)。

S Are there any vacancies in this hotel?
このホテルに空き室はありますか。

8. arrival [əráivəl]

名 到着

⊕ 動詞 arrive (到着する) の名詞形。「出発する」は depart、「出発」は departure。

S What's your arrival time at Haneda Airport?
羽田空港への到着時刻は何時ですか。

9. duration [djuréiʃən]
名 継続時間

🌐 フライトの「飛行時間」や、会議などの「継続時間」を指す。

The duration of the flight is about seven hours.
このフライトの飛行時間は約7時間です。

10. boarding pass
搭乗券

🌐 board は「(交通機関に) 搭乗する」。pass は「定期券」の意味もある。

Here's my boarding pass, ticket and passport.
これが私の搭乗券とチケット、パスポートです。

11. checked baggage
預かり荷物

🌐「機内持ち込み手荷物」は carry-on baggage。luggage を使ってもよい。

My only checked baggage is this suitcase.
私の預かり荷物はこのスーツケースだけです。

12. bound for
〜 (方面) 行きの

🌐 前置詞は for を使うので注意。

Is this train bound for London?
この電車はロンドン行きですか。

[出張・海外展開] 13 → 20

Track 08

13

aisle seat
通路側の席

🌐 発音は [áil]。「窓側の席」は window seat。

S I'd like an aisle seat.
通路側の席をお願いいたします。

14

stow [stóu]
他 しまい込む

🌐 機内の「手荷物入れ」は overhead compartment と呼ぶ。

S Can you help me stow my baggage?
荷物をしまい込むのを手伝ってもらえませんか。

15

blanket [blǽŋkət]
名 毛布

🌐 「枕」は pillow、「ヘッドホン」は headset、「機内食」は in-flight meal。

S Could you give me a blanket and a pillow?
毛布と枕をいただけますか。

16

time difference
時差

🌐 「サマータイム」は米国では daylight saving time (DST)、英国ではそのまま summer time と呼ぶ。米国、ヨーロッパでほぼ完全に導入されている。

S What's the time difference between Japan and Germany?
日本とドイツの時差はどれくらいですか。

You are here! ▶	288	544	774	1024
	UNIT 6	UNIT 12	UNIT 17	UNIT 22

17 jet lag
時差ぼけ

🌐「時差ぼけになっている」は have jet lag とも言う。lag は時間などの「隔たり」の意味。

S I'm still suffering from jet lag.
私はまだ時差ぼけが抜けません。

18 lost and found
遺失物取扱所

🌐 米国の言い方で、英国では lost property (office) と言う。

S You should check with the lost and found.
遺失物取扱所に相談したほうがいいですよ。

19 round-trip
形 往復の

🌐 ハイフンなしの round trip で「往復」。return ticket は米国では「帰りの切符」だが、英国では「往復切符」になるので注意。「片道の」は one-way である。

S I need three round-trip tickets to Boston.
ボストンへの往復切符を3枚お願いします。

20 change [tʃéindʒ]
名 お釣り；小銭

🌐「お釣り」の場合は定冠詞の the を付ける。Keep the change. はタクシーの運転手に対して使う決まり文句。

S Keep the change, please.
お釣りは取っておいてください。

[出張・海外展開] 21 → 28

21. complimentary [kàmpləméntəri]
形 無料の

🌐 例文はホテルやカフェで使える。complimentary は free のオフィシャルな表現。

Do you have complimentary WiFi here?
ここには無料のワイファイ設備がありますか。

22. lounge [láundʒ]
名 ロビー；ラウンジ

🌐 a departure lounge で「(空港の)出発ラウンジ」。

I'm expecting you in the lounge of Diamond Hotel.
ダイアモンドホテルのロビーでお待ちいたします。

23. keycard [kí:kà:rd]
名 カードキー

🌐 key → card と、カタカナと順番が逆になるので注意。読み取り機にカードキーを通すことは swipe と言う。

I locked myself out of the room, so could you issue me a new keycard?
カードキーを部屋に置いたままロックしてしまったので、新しいものを発行してもらえませんか。

24. public transportation
公共交通機関

🌐 電車や地下鉄、バス、トラムなどを指す。

You should use public transportation, since it's cheap and convenient.
安くて便利なので、公共交通機関を使うのがいいですよ。

25

stuck [stÁk]

形 (渋滞に) 捕まって；動かなくなって

⊕動詞 stick (動かなくする) の過去分詞。「(仕事などに) 行き詰まって」の意味でも使える。

S I'm sorry, but I'm stuck in traffic.
すみませんが、渋滞に捕まってしまっています。

26

landmark [lǽndmà:rk]

名 シンボル；目印；歴史的建造物

⊕道案内の際の「目印」の意味でも使える。また、a landmark decision のように、形容詞的に「画期的な」の意味の用法もある。

S The Notre-Dame Cathedral is a landmark of Paris.
ノートルダム聖堂はパリのシンボルです。

27

souvenir [sù:vəníər]

名 土産

⊕フランス語の「思い出」より。a souvenir shop で「土産物店」。「土産」の意味では gift も使える。

S What do you recommend as a souvenir of my trip?
旅行のお土産として何がお勧めですか。

28

overseas [òuvərsí:z]

形 海外の　副 海外で

⊕副詞としても使える。work overseas で「海外で働く」。

S We have six overseas factories, mainly in Asia and Eastern Europe.
当社は主にアジアと東ヨーロッパに6つの海外工場があります。

[出張・海外展開] 29 → 36

Track 08

29 **multinational** [mʌltinǽʃənəl]
形 多国籍の

🌐 a multinational corporation で「多国籍企業」。名詞として単独で「多国籍企業」の意味で使える。

We are a multinational firm, with regional headquarters in Barcelona, Hong Kong, and Chicago.

当社は多国籍企業で、バルセロナと香港、シカゴに地域本社があります。

30 **expand** [ikspǽnd]
他 自 拡張する；拡大する

🌐 expand a factory で「工場を拡張する」。名詞は expansion (拡張；拡大)。

The company plans to expand into North Africa.

その会社は北アフリカに事業拡大する計画をしている。

31 **penetrate** [pénətrèit]
他 浸透する；進出する

🌐 「貫く；染みこむ」が原意。ビジネスでは市場に「浸透する；進出する」の意味でよく使う。

The appliance maker is struggling to penetrate the Chinese market.

その家電メーカーは中国市場に進出するのに苦闘している。

32 **relocate** [riːlóukeit]
他 移転させる；転勤させる
自 移転する；転勤する

🌐 会社の辞令で転勤する場合は他動詞を使って、例文のように受け身で表現する。自動詞で「引っ越す」の意味でも使える。名詞は relocation (移転；転勤)。

Our main office has been relocated from Tokyo to Singapore.

当社の本社は東京からシンガポールに移転しました。

33

partner [pá:rtnər]

名 共同事業者；パートナー

◉ 人にも会社にも使える。「共同経営者」の意味もある。partnershipで「提携関係；共同経営会社」。

We're looking for a reliable partner in the Middle East.

我々は中東で信頼できるパートナーを探しています。

34

joint venture

合弁事業；ジョイントベンチャー

◉ 単なる提携事業ではなく、複数の会社が共同出資して進める事業、またはその事業体。

That joint venture is owned and run by three different firms.

その合弁事業は、3つの異なる会社に所有・運営されている。

35

remit [rimít]

他 送金する

◉ 銀行などを使って「送金する」の意味で使う。transfer も可。名詞は remittance（送金）。

Can you give me a form to remit money overseas?

海外送金のフォームをいただけますか。

36

localize [lóukəlàiz]

他 現地化する

◉ 製品や仕事の手法を「現地の環境・習慣などに合わせる」こと。名詞は localization（現地化）。

To be successful, we must localize the design of our refrigerators.

成功するためには、我々は冷蔵庫のデザインを現地化しなければならない。

[出張・海外展開] 37 → 44

37 **free-trade zone**
自由貿易区

🌐 海外企業を誘致するために、現地政府が関税などの優遇措置を設定している産業エリア。special economic zone（経済特区）などと呼ぶことも。

The board is thinking of building a factory in a free-trade zone.
取締役会は、自由貿易区に工場を建設することを検討している。

38 **foothold** [fúthòuld]
名 足がかり；基盤

🌐 establish [gain] a foothold で「足がかりをつくる」。base も同様に使える。

We will be able to gain a foothold in Australia this year.
我々は今年、オーストラリアに足がかりをつくることができるでしょう。

39 **perk** [pə́ːrk]
名 優遇措置

🌐 政府が海外企業などに認める免税などの特典のこと。会社が社員に提供する福利厚生などを指すことも。

The state government provides firms various perks, such as tax holidays.
その地方政府は企業に免税などのさまざまな優遇措置を提供している。

40 **interpret** [intə́ːrprət]
他 通訳する

🌐 interpreter は「通訳者」。「翻訳する」は translate。

A professional will interpret for us at the next meeting with the client.
次のクライアントとの会合では、我々のために専門家が通訳に当たる。

41 government official
政府職員；官僚

⊕ official は「役人；官僚」の意味。「官僚（機構）」には bureaucracy も使う。

S Having contacts with government officials is a key to success in that country.
官僚にコネがあることが、その国での成功のカギになる。

42 red tape
お役所仕事

⊕ 時間のかかる役所の手続きのこと。英国で昔、公文書を赤いひもでくくったことから。

W Red tape forced us to postpone our project there indefinitely.
お役所仕事によって、そこでの我々のプロジェクトは無期限の延期を余儀なくされた。

43 customs [kʌ́stəmz]
名 税関

⊕ clear customs で「通関する」。「税関」の意味では複数形。単数形の custom なら「慣習；習慣」の意味。

S Customs may have stopped our shipment for inspection.
検査のために、税関が我々の荷物を止めているのかもしれない。

44 expatriate [ekspéitriət]
名 居住外国人；駐在員

⊕ 駐在員も含めて、海外に住んでいる人を指す。expat と略すことも。

S Now, there are over 50,000 of our country's expatriates in Shanghai.
今、上海には当国の居住者が5万人以上いる。

UNIT 09 仕事でよく使う動詞① 44語

オフィスでよく使う動詞は日常会話とあまり変わりません。簡単な動詞をビジネスシーンで使えるように、フレーズで覚えましょう。

[動詞のコロケーション]

　オフィスの日常の中では、簡単な単語をうまく使いこなすことが大切です。特に動詞はおなじみのものを仕事の場面の会話で使えるように練習しておくといいでしょう。フレーズで覚えておくと、すぐに使えて便利です。

- ship your order（お客様の注文品を発送する）
- xerox ten copies（10部コピーする）
- handle this problem（この問題を扱う）
- check my calendar（私のスケジュールを確認する）
- confirm my reservation（私の予約を確認する）

ship orders

[仕事でよく使う動詞①] 1 → 4

Track 09

1
ship [ʃíp]
他 発送する

🌐 荷物などを「発送する」のに使う。shipping and handling charges で「発送・取り扱い手数料」。

We'll ship your order this afternoon.
お客様のご注文品は今日の午後、発送いたします。

2
xerox [zíərɑks]
他 コピーする

🌐 コピー機の製造メーカー名 Xerox を小文字で始めて動詞として使うことができる。make a copy でもいい。

Can you xerox ten copies of this document?
この書類を10部コピーしてもらえますか。

3
pack [pǽk]
他 詰める；収納する

🌐 名詞で使うと、厚紙製の「小箱」、製品などの「1パック」の意味。

Don't forget to pack our samples in your suitcase.
サンプルをスーツケースに詰めるのを忘れないでね。

4
stack [stǽk]
他 積み重ねる　名 積み重ね；山

🌐 きれいに整理して積み重ねること。a stack of で「山のような〜」。

Please stack these boxes.
これらの箱を積み上げてください。

UNIT 09

[仕事でよく使う動詞①] 5 → 12

Track 09

5
handle [hǽndl]
他 扱う；処理する　名 取っ手

⊕ 問題や状況を「取り扱う」の意味でよく使う。この意味では deal with や tackle が類語。

I don't think I can handle this problem by myself.
ひとりではこの問題に対処できないと思います。

6
join [dʒɔ́in]
他 参加する

⊕ 人を食事やパーティーなどに誘うときに使える。

Why don't you join us for lunch?
一緒にランチを食べに行きませんか。

7
chat [tʃǽt]
自 おしゃべりする　名 おしゃべり

⊕ 名詞で使って have a chat も同意。ネットで「チャットする」にも使う。

Let's chat over coffee sometime.
いつかコーヒーでも飲みながらおしゃべりしましょう。

8
enjoy [indʒɔ́i]
他 楽しむ

⊕ Enjoy your vacation. (休暇を楽しんでね)、Enjoy your new job. (新しい仕事を楽しんで) などは、あいさつ代わりに使えるフレーズ。

Enjoy your time here!
ここで楽しい時間をお過ごしください。

9. run [rÁn]

他 経営する；運営する

🌐 ビジネスでは店舗などを「経営する」の意味でよく使う。

S Phil runs his own business in Cape Town.
フィルはケープタウンで自分の会社を運営している。

10. fix [fíks]

他 決める；固定する；修理する

🌐 fix a camera で「カメラを修理する」。

S Let's fix the place and date of the party.
パーティーの場所と日取りを確定しましょう。

11. confirm [kənfə́ːrm]

他 確認する

🌐 予約や業務の確認によく使う。名詞は confirmation（確認）。

S I'd like to confirm my reservation for May 10.
5月10日の予約を確認したいのですが。

12. mean [míːn]

他 意味する

🌐 相手が何を言いたいのか確認する文脈でよく使う。

S What do you mean by that statement?
その発言はどういう意味ですか。

UNIT 09

[仕事でよく使う動詞①] 13 → 20

Track 09

13

discuss [diskʌ́s]

他 話し合う

🌐 他動詞で使うので、前置詞は不要。名詞は discussion (話し合い)。激しい議論には debate などを使う。

S Why don't we discuss this during the next meeting?

この件は次の会議で話し合いましょう。

14

save [séiv]

他 節約する；貯める；救う

🌐 save money で「お金を貯める」、save life で「命を救う」。

S Here are some good tips to save energy in the office.

これから紹介するのは、オフィスでエネルギーを節約するのに役立つヒントです。

15

miss [mís]

他 逃す；間に合わない；〜しそこなう

🌐 miss a deadline で「締め切りに間に合わない」、miss a chance で「チャンスを逃す」。

S Hurry up or we'll miss our flight!

急いで、でないとフライトに遅れるよ。

16

correct [kərékt]

他 (ミスを) 訂正する 形 正しい

🌐 correct typos で「誤植を直す」。「校正する」には proofread という動詞も使える。

S Could you correct the typos in this draft?

この下書きの誤植を直してもらえますか。

120

17 circulate [sə́ːrkjəlèit]
他 回覧する；配布する

🌐 circular で「回覧」という名詞。

S Please circulate this memo within our department.
このメモを部内で回覧してください。

18 label [léibəl]
他 ラベルを貼る；レッテルを貼る
名 ラベル

🌐 動詞で使えば「〜というラベルを貼る」という意味。laminate は「ラミネート加工する」。

S The files on that project are labeled "3C."
そのプロジェクトのファイルは「3C」というラベルが貼られています。

19 inform [infɔ́ːrm]
他 知らせる；報告する

🌐〈inform 人 of 物事〉（人に物事を知らせる）の形で覚えよう。

S I'll inform you of the latest developments on the project.
プロジェクトの最新の進展状況についてお知らせします。

20 remind [rimáind]
他 思い出させる

🌐〈remind 人 of 物事〉（人に物事を思い出させる）の形で覚えよう。名詞の reminder は「思い出させるもの［きっかけ］」「督促状」。

S Thank you for reminding me of today's meeting.
今日の会議を思い出させてくれてありがとう。

[仕事でよく使う動詞①] 21 → 28　　Track 09

21 **prepare** [pripéər]
他 準備する；心の準備をさせる

● 受け身の be prepared to do [for] で「do する [～の] 心の準備ができている」。

We'll soon prepare the new sales campaign.
私たちはもうすぐ、新しい販売キャンペーンの準備をします。

22 **arrange** [əréindʒ]
他 手配する；整える

● arrange an appointment で「約束を取りつける」。organize が類語。

The human resources department will arrange a company picnic.
人事部が会社のピクニックの手配をします。

23 **manage** [mǽnidʒ]
他 何とか～する；管理する

● manage to do (何とか do する) の形もよく使う。

I can manage it, thank you.
自分でできます、ありがとう。

24 **calculate** [kǽlkjəlèit]
他 計算する

● 四則計算は、add (足す)、subtract (引く)、multiply (掛ける)、divide (割る)。

This Web page will calculate shipping and handling costs.
このウェブページが発送・取り扱い手数料を計算します。

25

limit [límət]

他 制限する　名 限度；制限

🌐 restrict、curb、cap も似た意味で使える。

S We are under pressure to limit our spending.

私たちは支出を抑えなければならない切迫した状況にある。

26

reduce [ridjúːs]

他 削減する；下げる　自 減る

🌐 反意語は increase（増やす；増える）

S What measures are necessary to reduce our production costs?

製造コストを引き下げるにはどんな対策が必要だろうか。

27

permit [pərmít]

他 許可する；可能にする　名 許可証

🌐 〈permit A to do〉の形を覚えておこう。類語は allow。

S Permit me to explain.

私に説明をさせてください。

28

skip [skíp]

他 省く；飛ばす

🌐 話題や問題を「飛ばす」意味で使える。omit が類語。

S I'm sorry I skipped that issue; I'll come back to it later.

その問題を飛ばしてしまってすみません。後で扱います。

[仕事でよく使う動詞①] 29 → 36

Track 09

29

bother [báðər]

他 邪魔をする；困らせる

🌐 例文は、用があって相手の仕事を中断させるときの決まり文句。disturb も同様に使える。

S I'm sorry to bother you.
お邪魔してすみません。

30

share [ʃéər]

他 共有する

🌐 名詞では「占有率」「株式」の意味がある。

S Let's share updates via this online meeting service.
最新情報はこのオンライン会議サービスで共有しましょう。

31

submit [səbmít]

他 提出する；提示する　自 従属する

🌐 turn in や put forward などが類語。自動詞では submit to the authority (権威に屈する) のように使う。

W You are supposed to submit your monthly report tomorrow.
月次報告書は明日、提出することになっています。

32

explain [ikspléin]

他 説明する

🌐 類語の describe は「詳しく説明する」、illustrate は「具体例を挙げて説明する」のニュアンス。

S Could you explain your idea in more detail?
あなたのアイデアをもっと詳しく説明してもらえますか。

You are here! ▶	288	544	774	1024
	UNIT 6	UNIT 12	UNIT 17	UNIT 22

33

monitor [mánətər]

他 監視する；モニターする

🌐「継続的にデータや記録を取って調べる」という意味。

Our analysts <u>monitor</u> the latest financial market trends.

当社のアナリストは金融市場の最新トレンドを<u>モニターして</u>います。

34

consider [kənsídər]

他 考える；考慮する

🌐〈consider doing〉〈consider that ~〉の形も覚えておこう。

We should <u>consider</u> both the risks and benefits before going forward.

先に進む前にリスクと利益の両方を<u>検討す</u>べきです。

35

process [práses]

他 (文書を) 処理する；(原料・食材を) 加工する　名 過程

🌐「加工する」の例は process food (食品を加工する)。

The recruitment committee is <u>processing</u> the applications now.

採用委員会は目下、応募書類を<u>審査して</u>いるところです。

36

produce [prədjú:s]

他 生産する；もたらす

🌐名詞は production (生産) のほか、productivity (生産性) もビジネスでよく使う。manufacture が類語。

We <u>produce</u> cutting-edge audio players and speakers.

私どもは最先端のオーディオプレイヤーとスピーカーを<u>作っており</u>ます。

UNIT 09

[仕事でよく使う動詞①] 37 → 44　　Track 09

37 examine [iɡzǽmin]
他 調査する；検討する

◉ 名詞は examination が「調査；試験」、examiner が「検査官」。

The client's team is examining our product quality.
顧客のチームが私たちの製品の品質を調査しています。

38 expect [ekspékt]
他 予想する；待つ

◉ ビジネスでは「（人を）待つ」の丁寧な表現として使う。〈be expected to do〉（do することが期待される）もよく使う形なので覚えておきたい。

I've been expecting you.
お待ちしておりました。

39 reschedule [rìːskédʒuːl]
他 (予定を) 変更する；延期する

◉「延期する」という意味では、put off や postpone が類語。

Could you reschedule my appointment?
アポの日程を変更していただけますか。

40 confuse [kənfjúːz]
他 混同する；混乱させる

◉〈confuse A with B〉で「AをBと混同する」。形容詞の confusing（まぎらわしい）も仕事でよく使う。

Don't confuse debit cards with credit cards.
デビットカードとクレジットカードを混同しないでください。

You are here!	288	544	774	1024
	UNIT 6	UNIT 12	UNIT 17	UNIT 22

41

adopt [ədápt]

他 採用する；採択する；養子にする

🌐 ビジネスではアイデア・方針・計画などを「採用する」の意味でよく使う。

S I suggest we <u>adopt</u> a new approach to save energy.

エネルギーを節約するのに新しい方法を<u>採り入れる</u>べきだと思います。

42

substitute [sʌ́bstitjùːt]

自 代わりを務める　他 代用する

🌐 〈substitute A for B〉で「AをBに代わって使う」。名詞で使えば「代理(品)」。

S Julia will <u>substitute</u> for David when he is away.

デイビッドが留守の間、ジュリアが<u>代わりを務め</u>ます。

43

rotate [róuteit]

自 回る；交替する
他 回す；交替させる

🌐 他動詞で rotate jobs (仕事を交替する) のように使える。名詞は rotation (ローテーション)。

S Steven has <u>rotated</u> among several branches.

スティーヴンは数カ所の支社を<u>回ってき</u>た。

44

concentrate [kánsəntrèit]

自 集中する

🌐 concentrate on (〜に集中する) で覚えておこう。focus on が類語。

W Our firm <u>concentrates</u> on the high-end mechanical watch market.

当社は高級機械時計の市場に<u>集中して</u>います。

UNIT 10 仕事でよく使う動詞② 44語

このユニットでは少しフォーマルな動詞を中心に紹介します。ほとんどが TOEIC でもよく出るものです。

【 動詞のコロケーション 】

　ビジネスでは、例えば日常会話で start と言うところを launch（始める）、make sure と言うところを ensure（確かめる）などと言います。こうした動詞を使いこなせば、ビジネスライクな発信ができるようになります。

- complete a construction（建設工事を完了する）
- achieve our goals（私たちの目標を達成する）
- launch a sales campaign（販売キャンペーンを始める）
- conduct a survey（調査を実施する）
- implement a plan（計画を実行する）

implement a plan

[仕事でよく使う動詞②] 1 → 4

Track 10

1. complete [kəmplíːt]
他 完了する；仕上げる　形 完全な

🌐 業務やプロジェクトを「完了する」の意味でよく使う。名詞は completion（完了）。

S Can you complete the construction on time?
建設工事を予定通りに完了できますか。

2. achieve [ətʃíːv]
他 達成する；実現する

🌐 accomplish や attain が類語。名詞は achievement（達成）。

S We have achieved most of our goals.
私たちはほとんどの目標を達成しました。

3. compare [kəmpéər]
他 比較する

🌐〈compare A with B〉（AをBと比較する）の形も覚えておこう。

W To compare the features of our digital cameras, click here.
当社のデジタルカメラの特徴を比較するには、ここをクリックしてください。

4. obtain [əbtéin]
他 入手する；取得する

🌐 obtain approval で「承認を得る」、obtain a loan で「融資を受ける」。

S I have to obtain a work visa for your country.
私はあなたの国の就労ビザを取得しなければなりません。

UNIT 10

129

[仕事でよく使う動詞②] 5 → 12

Track 10

5 **launch** [lɔ́:ntʃ]
他 開始する；発売する
名 開始；発売

→ launch a campaign (キャンペーンを開始する)、launch a new product (新製品を発売する)。

We'll launch a holiday sales campaign next week.
我々は来週から休暇シーズンの販売キャンペーンを始めます。

6 **analyze** [ǽnəlàiz]
他 分析する

→ 名詞は analysis (分析)。analyst は「分析専門家；アナリスト」。

We need to analyze our campaign failure in more detail.
私たちはキャンペーンの失敗をもっと詳しく分析する必要があります。

7 **recommend** [rèkəménd]
他 推薦する；推奨する

→ 「推薦・推奨」の動詞に続く that 節は仮定法現在になり、動詞は原形にする。advise や suggest なども同様。名詞は recommendation (推薦；推奨)。

I strongly recommend that we upgrade our computer network.
我々のコンピュータネットワークを刷新することを強く勧めます。

8 **suggest** [səmdʒést]
他 提案する；推薦する

→ 名詞は suggestion (提案・推奨)。

Who would you suggest for marketing manager?
マーケティング部長にはだれを推薦しますか。

9. ensure [inʃúər]
他 確実にする；保証する

〈ensure that ~〉(~ことを確実にする) のように that 節でよく使う。

We're trying to ensure that all customers enjoy their shopping experience.
すべてのお客様が買い物を楽しむことができるようにと私たちは努力しています。

10. conduct [kəndʌ́kt]
他 行う；運営する

conduct a survey で「調査を行う」、conduct a tour で「ツアーを行う」。carry out が類語。

It's a good idea to conduct a survey to understand consumers' attitude.
消費者の志向を理解するのにアンケート調査をするのはいい考えです。

11. observe [əbzə́ːrv]
他 観察する；気づく；遵守する；祝う

多義語で、observe a happening (ハプニングに気づく)、observe a policy (方針を守る)、observe an anniversary (記念日を祝う) のように使える。

This security camera can observe a wide area of the company grounds.
この防犯カメラは会社の敷地の幅広い区域を監視できます。

12. consult [kənsʌ́lt]
自他 相談する

相談する相手は with で導く。check with も同じ意味で使える。

You'd better consult with a lawyer.
あなたは弁護士に相談すべきですよ。

[仕事でよく使う動詞②] 13 → 20

Track 10

13 describe [diskráib]
他 説明する；描写する

🌐「事細かに説明する」という意味。名詞は description (説明；描写)。

We must <u>describe</u> our new product simply, but impressively.
我々は新製品をシンプルに、しかし印象的に<u>説明し</u>なければならない。

14 encourage [inkə́:ridʒ]
他 励ます；奨励する

🌐受け身の〈be encouraged to do〉(do することが奨励される) の形でよく使う。形容詞の encouraging は「励みとなる」。

Employees are <u>encouraged</u> to join the May 9 picnic.
社員のみなさんは5月9日のピクニックに<u>ぜひ参加してください</u>。

15 implement [ímplimènt]
他 実行する；実施する

🌐名詞の implementation (実行；実施) もよく使う。

The director gave me the go-ahead to <u>implement</u> the plan.
取締役が、この計画を<u>実行する</u>ゴーサインを出した。

16 proceed [prəsí:d]
自 進む；進行する

🌐自動詞なので目的語をとるときは with を使い、proceed with a plan (計画を進める) などとする。

Before we <u>proceed</u>, do you have any questions?
<u>先に進む</u>前に、何か質問はありませんか。

17 appreciate [əpríːʃièit]

他 感謝する；評価する
自 （価値が）上がる

🌐 appreciate の目的語には感謝する事由がくる。「（価値が）上がる」は The yen is appreciating against the US dollars.（円高ドル安になっている）のように使う。

I highly appreciate your immediate response.

すばやいご返答を誠にありがとうございます。

18 assess [əsés]

他 評価する；査定する

🌐 仕事の状況や資産などの評価とともに、人事評価にも使う。名詞は assessment（評価；査定）。

We need to assess the project's feasibility.

我々はそのプロジェクトの実現性を評価しなければならない。

19 improve [imprúːv]

他 改善する；改良する 自 進歩する

🌐 make better や upgrade が類語。名詞は improvement（改善・改良）。

Product quality in the factory has significantly improved.

その工場の製品の品質は格段に向上した。

20 contribute [kəntríbjət]

自 貢献する；献金する

🌐 自動詞で contribute to A（Aに貢献する）の形で使う。名詞は contribution（貢献；献金）。

We have continually contributed to charitable community causes.

私たちは、地元の慈善事業に継続的に貢献してきました。

[仕事でよく使う動詞②] 21 → 28

Track 10

21
realize [ríːəlàiz]
他 理解する；実現する

⊕ realize one's dream で「夢を実現する」。

We should <u>realize</u> the risks in the proposed investment.
私たちは、提案されている投資のリスクを<u>理解する</u>べきでしょう。

22
pursue [pərsjúː]
他 追求する

⊕ pursue one's career で「キャリアを積む；仕事を続けていく」。

He is determined to <u>pursue</u> his career in advertising.
彼は広告業界でキャリアを<u>積む</u>決意ができている。

23
inspire [inspáiər]
他 鼓舞する；喚起する；霊感を与える

⊕〈inspire 人 to do〉で「人を鼓舞してdo させる」。〈be inspired by A〉で「Aに刺激を受ける」。

I was really <u>inspired</u> by your speech.
あなたのお話に本当に<u>刺激を受け</u>ました。

24
stimulate [stímjəlèit]
他 刺激する；活気づける

⊕ 社員のやる気を「刺激する」という意味でよく使う。encourage や motivate などが類語。

Performance-based pay effectively <u>stimulates</u> motivation.
業績給は仕事の意欲を効果的に<u>刺激する</u>。

25

coordinate [kouɔ́ːrdənèit]

自 協調する　他 調整する

🌐 a coordinated effort で「協調的な努力」。名詞は coordination (調整；協調)。

S You'll have to closely <u>coordinate</u> with the sales team.

みなさんは営業チームと緊密に協調しなければなりません。

26

identify [aidéntəfài]

他 確認する；特定する

🌐 名詞の identification は「身分証明(書)」。a photo identification で「写真付き身分証明書」。

S We must <u>identify</u> the causes of the system shutdown.

私たちはシステムが停止した原因を突き止めなければなりません。

27

reform [rifɔ́ːrm]

他 改革する　名 改革

🌐 組織や制度を「改革する」という意味で、日本語の「リフォーム(改修)する」の意味はない。「リフォームする」は refurbish や renovate を使う。

S The CEO is thinking of <u>reforming</u> the company structure.

CEOは会社の組織を改革することを考えている。

28

recover [rikʌ́vər]

自 回復する

🌐 〈recover from A〉で「Aから回復する」。Aは病気の他、不況や経営難など。名詞は recovery (回復)。

S Have you already <u>recovered</u> from the flu?

もうインフルエンザは治りましたか。

[仕事でよく使う動詞②] 29 → 36

29 recognize [rékəgnàiz]
他 認識する；評価する

🌐 功績などを「評価する；表彰する」という意味でもよく使う。この場合、受け身にすることが多い。

I didn't recognize you at first.
最初はあなたとわかりませんでした。

30 appear [əpíər]
自 〜に見える；現れる

🌐 〈appear to do〉で「do するように見える」。

The economy appears to be picking up, as sales are recovering.
景気は上向きのようで、売り上げは回復している。

31 deserve [dizə́ːrv]
他 〜するに値する；〜して当然だ

🌐 〈You deserve 〜〉（あなたは〜に値する）は会話でよく使う。〈deserve to do〉や〈deserve doing〉の形もある。

You deserve a promotion, because you've accomplished so much.
あなたはとても多くのことを達成したので、昇格して当然です。

32 anticipate [æntísipèit]
他 予期する；見越す

🌐 〈〜 than anticipated〉（予想以上に〜）のフレーズでよく使う。

Revenue turned out to be higher than anticipated.
収入は予想していたより高水準になりました。

You are here! ▶	288	544	774	1024
	UNIT 6	UNIT 12	UNIT 17	UNIT 22

33 generate [dʒénərèit]
他 創出する；引き起こす

🌐 派生語の generation は「世代」、generator は「発電機；電力会社」。

I hope this project will generate a lot of revenue.
このプロジェクトが多くの収入をもたらすことを期待しています。

34 create [kriéit]
他 創り出す；引き起こす

🌐 新しいものを「創り出す」という意味のほか、事態・状況などを「引き起こす」という意味でも使う。形容詞は creative (創造的な)。

It's difficult to create a balance between work and family.
仕事と家族のバランスをとることは難しいものだ。

35 invent [invént]
他 発明する

🌐 originate や create が類語。名詞は invention で「発明」、inventor で「考案者」。

I'll invent something new for the next TV commercial.
次のテレビCMには何か新しいものを考えます。

36 publish [pʌ́bliʃ]
他 出版する

🌐 publishing なら「出版(事業)」、publisher で「出版社」。なお、「印刷会社」は printer と言う。

The firm publishes not only novels but academic titles.
この会社は小説だけでなく、学術書も出版している。

UNIT 10

[仕事でよく使う動詞②] 37 → 44

37 **excel** [eksél]
自 優れている　他 ～にまさる

⊕ 形容詞は excellent (優れた)、名詞は excellence (優秀さ)。

Mina excels in computer programming.
ミナはコンピュータのプログラミングで抜きんでている。

38 **broaden** [brɔ́ːdən]
他 広げる

⊕ モノだけでなく、知識などを「広げる」のにも使える。broaden one's horizons で「視野 [守備範囲] を広げる」。

We need to broaden our understanding of Russian culture.
我々はロシア文化への理解を広げる必要がある。

39 **interact** [ìntərǽkt]
自 交流する；相互作用する

⊕ 社員のチームが「意思疎通を図る」という意味でよく使う。形容詞は interactive (双方向の；対話型の)。

I want our team members to interact more productively.
私たちのチームのみなさんにはもっと生産的に意思疎通していただくことを望みます。

40 **accompany** [əkʌ́mpəni]
他 同行する；付属する

⊕ an accompanying manual で「添付のマニュアル」。

I'll accompany our boss to meet an important client.
重要な顧客に会うために、上司に同行します。

41. avoid [əvɔ́id]
他 避ける

🌐 動詞を続けるときは〈avoid doing〉と動名詞にする必要がある。

To avoid conflicting dates, I'll check my calendar.
日程が重ならないように、スケジュールを確認します。

42. disregard [dìsrigáːrd]
他 無視する；考慮しない

🌐 regard（尊重する）の反意語で、「無視する」という意味で使う。ignore が類語。

Please disregard this notice if payment has already been made.
お支払いがすでになされているようでしたら、この通知は無視してください。

43. reject [ridʒékt]
他 拒絶する；却下する

🌐 「はねつける」イメージ。turn down が類語。decline なら「丁重に断る」というニュアンス。

I'm disappointed that the board rejected our expansion plan.
取締役会が私たちの拡張計画を却下したのは残念です。

44. prohibit [prouhíbit]
他 禁止する

🌐 〈prohibit A from doing〉（Aが doするのを禁じる）という形もよく使う。同様の形は類語の ban や forbid でも使える。

Smoking is prohibited inside the building.
このビルの中での喫煙は禁止されています。

UNIT 11 仕事でよく使う形容詞・副詞 44語

仕事でよく使う形容詞は、人や業務、アイデア、時間などを形容するものです。強調的な表現やしゃれた表現も一部組み込んでいます。

[形容詞の使い方]

形容詞は相性のいい名詞と一緒に覚えておくと、イメージしやすく、使うのも簡単になります。

- an ideal candidate（理想的な候補者）
- a reliable lawyer（信頼できる弁護士）
- an upcoming conference（近々開かれる会議）
- significant revenues（相当な収入）

〈It's + 形容詞 + to do /that 〜〉で使える形容詞は、仕事の状況を表すのに重宝します。

- It's risky to do（do することは危険だ）
- It's urgent to do（do するのは急を要する）
- It's crucial that 〜.（〜はきわめて重要だ）
- It's obvious that 〜.（〜は確実だ）

[仕事でよく使う形容詞・副詞] 1 → 4

Track 11

1. ideal [aidí:əl]
形 理想的な

an ideal candidate で「理想的な候補者」、an ideal opportunity で「理想的な機会」。

S I feel that next quarter will be the ideal time for another marketing campaign.

次の四半期は今度の販売キャンペーンを行う理想的な時期になると思います。

2. various [véəriəs]
形 さまざまな

類語の varied は「変化に富んだ」。名詞形は variety (さまざま) で、a variety of (さまざまな〜) のイディオムでよく使う。variation は「変化;変形版」の意味。

W Various critics have praised the new book *Be Yourself*, by Mr. Daniel Hill.

さまざまな批評家が、ダニエル・ヒル氏の新著『自分自身になれ』を賞賛している。

3. similar [símələr]
形 同様の

〈similar to A〉(Aに似た) の形でよく使う。名詞は similarity (類似)。

S We have a 22% market share, similar to our closest rival.

我々は、一番近い競合相手と同様の22パーセントの市場シェアをもっている。

4. huge [hjú:dʒ]
形 莫大な;巨大な

huge loss (莫大な損失)、huge impact (大きな衝撃)。enormous が類語。

W The firm is making a huge effort to cut costs nowadays.

その会社はこのところ、経費を削減することに大きな努力を払っている。

[仕事でよく使う形容詞・副詞] 5 → 12　　Track 11

5 expensive [ikspénsiv]
形 高価な

🌐 動詞の expend (費やす)、名詞の expense (費用；経費) も覚えておこう。反意語は inexpensive (安価な)。

Jewelry sold by that store is not as expensive as one might think.
その店の販売する宝石は、人が考えるほど高価ではない。

6 excellent [éksələnt]
形 非常に優れた；申し分のない

🌐 人にもモノにも使える。an excellent company で「優良企業」。

We're known for our excellent online and in-store customer service.
私どもは、ネットおよび実店舗の優れた顧客サービスで知られています。

7 proper [prápər]
形 適当な；ふさわしい

🌐 a proper person で「適任の人」、at the proper time で「適したときに」。

Our airline takes proper safety precautions in all its operations.
当エアラインは、すべての運航で適切な安全対策を施しています。

8 domestic [dəméstik]
形 国内の；家庭の

🌐 2つの意味でよく使う。a domestic market で「国内市場」、domestic chores で「家事」。

The domestic economy grew 1.7% last quarter.
国内経済は前四半期、1.7% 増加した。

You are here! ▶	288	544	774	1024
	UNIT 6	UNIT 12	UNIT 17	UNIT 22

9. extensive [eksténsiv]

形 広範囲の；大規模な

extend（広げる）の形容詞。反意語はintensive（集中的な；徹底した）。

The new owners made extensive changes to the property.

新しい所有者は、その物件に大規模な改修を施した。

10. original [ərídʒənəl]

形 本来の；独創的な
名 現物；本物

the original plan で「元の計画」、an original artist で「独創的な芸術家」。

This film remake isn't as good as the original version.

このリメイク映画はオリジナル版ほどよくはない。

11. significant [signífikənt]

形 重要な；相当な

a significant deal で「重要な取引」、a significant increase で「大きな上昇」。

Our firm hopes to earn significant revenues from this new product.

当社はこの新製品から相当な収入をあげられると期待しています。

12. efficient [ifíʃənt]

形 効率のよい；有能な

「有能な」の意味で人にも使える。an efficient programmer（有能なプログラマー）

Our consultants can help your firm become more efficient.

我々のコンサルタントは御社をさらに効率的にするお手伝いをいたします。

UNIT 11

[仕事でよく使う形容詞・副詞] 13 → 20　　Track 11

13 **effective** [eféktiv]
形 優秀な;効果的な;実施中で

🌐 an effective solution で「効果的な解決策」、the effective date で「(法令などの)発効日」。

In my opinion, Mr. Akiyama is an <u>effective</u> negotiator.
私の意見では、アキヤマさんは<u>優秀な</u>交渉担当者です。

14 **attractive** [ətrǽktiv]
形 魅力的な

🌐 attract (魅了する) の形容詞。an attractive option (魅力的な選択肢)

Our agency provides very <u>attractive</u> models for fashion events.
当エージェンシーはファッションイベントのために、とても<u>魅力的な</u>モデルを提供します。

15 **additional** [ədíʃənəl]
形 追加の

🌐 add (加える) の形容詞。additional hours (残業)、an additional charge (追加料金)

I may have to work for an <u>additional</u> 4-5 hours this evening.
今晩は4～5時間<u>残業</u>をしなければならないようだ。

16 **whole** [hóul]
形 全体の;全部の　名 全体

🌐 the whole day で「一日中」、in the whole country で「国中で」。

The board of directors decided that the <u>whole</u> factory would be renovated.
取締役会は、工場<u>全体</u>を改修することを決定した。

17. upcoming [ʌ́pkʌ̀miŋ]

形 近く起こる

🌐 会議やイベント、商品の発売などが「近い将来に起こる」ことを表すのに使う。

S I need you to draft an agenda for the upcoming conference.
次の会議の議題の草案をつくってください。

18. urgent [ə́ːrdʒənt]

形 至急の；緊急の

🌐 urge (促す) の形容詞。an urgent call (緊急の電話)、urgent measures (緊急措置)。名詞は urgency (緊急)。

S It's urgent that I talk to Tonya Wilson as soon as possible.
できるだけ早くトーニャ・ウィルソンと話をすることが急務です。

19. timely [táimli]

形 時宜に適った；タイミングのいい

🌐 in a timely manner (好時期に) はよく使うイディオム。

W She made a timely proposal on finding more clients.
彼女は顧客の拡大についてタイミングのいい提案をした。

20. risky [ríski]

形 危険な

🌐 ビジネスでは「損失の可能性が高い」こと。名詞は risk (危険；リスク)。

S I'm sorry, but it's just too risky to invest in this project.
申し訳ないですが、このプロジェクトに投資するのはリスクが高すぎます。

[仕事でよく使う形容詞・副詞] 21 → 28

Track 11

21 **tricky** [tríki]
形 巧妙な；難しい

⊕ trick (たくらみ；トリック) の形容詞形。a tricky problem で「微妙な問題」、a tricky course で「攻略しにくい (ゴルフ) コース」。

It will be <u>tricky</u> to repair this machine, but I'm sure I can do it.
この機械を修理するのは<u>難しい</u>でしょうが、できるものと思います。

22 **obvious** [ábviəs]
形 明らかな；当然の

⊕ ⟨It is obvious that～⟩ (～であることは明らかだ) の形でよく使う。

It seems <u>obvious</u> that the firm will conduct mass layoffs.
その会社が大規模なレイオフを行うのは<u>確実</u>なようだ。

23 **cautious** [kɔ́:ʃəs]
形 注意深い；慎重な

⊕ ⟨be cautious about ～⟩ (～に慎重だ)、⟨be cautious to do⟩ (do するのに用心する) の形を覚えておこう。

I'm <u>cautious</u> about increasing our company payroll at present.
現段階で会社の給与を引き上げることに私は<u>慎重</u>です。

24 **crucial** [krú:ʃəl]
形 きわめて重要な

⊕ important のオフィシャルな表現。critical とともにビジネスでよく使う。

It's <u>crucial</u> that we improve quality control at our firm.
私たちの会社の品質管理を向上させることは<u>きわめて重要</u>です。

25. primary [práiməri]
形 最も重要な；初等の

a primary reason で「第一の理由」、primary education で「初等教育」。

S Who has primary responsibility for developing the software package?

そのソフトパッケージ開発の最終責任者はだれですか。

26. stable [stéibl]
形 安定性のある；落ち着いた

a stable economy で「安定した経済状況」、a stable condition で「(病状などが)安定した状態」。

S Kristie told me she is still looking for stable employment.

クリスティは私に、安定した仕事をまだ探しているのだと言った。

27. reliable [riláiəbl]
形 信頼できる

rely (頼る) の形容詞形。a reliable partner (信頼できるパートナー)。dependable が類語。

S She's a reliable patent lawyer who wins most of her cases.

彼女は大半の係争で勝利を収める信頼できる特許弁護士です。

28. inevitable [inévitəbl]
形 避けられない；必然の

in (否定) + evitable (避けられる) = inevitable (避けられない)。an inevitable outcome (必然の結果)

W The bankruptcy of that corporation seems almost inevitable.

その会社の倒産はほとんど避けられないようだ。

UNIT 11

[仕事でよく使う形容詞・副詞] 29 → 36

29 **informative** [infɔ́ːrmətiv]
形 情報が役立つ

● information（情報）の形容詞形で、セミナーや本などの「情報が役立つ」という意味で使う。

The trade show will certainly be very informative.
その貿易見本市はきっときわめて有益なものになるでしょう。

30 **positive** [pázətiv]
形 肯定的な；前向きの

● 態度や意見などが「肯定的である」こと。a positive response（肯定的な反応）。反意語は negative（否定的な）。

Mr. Tran seems positive about increasing the department budget.
トラン氏は部の予算を増額することに前向きのようです。

31 **sensitive** [sénsətiv]
形 注意を要する；微妙な

● ビジネスでは「扱いに注意を要する」の意味でよく使う。

Please don't bring up any sensitive topics during the meeting.
会議では微妙なテーマを議題にあげないでください。

32 **mutual** [mjúːtʃuəl]
形 共通の；相互の

● mutual understanding で「相互理解」。mutual funds は「投資信託」のこと。

Both firms worked for their mutual benefit on the joint venture.
両社はその合弁事業で共通の利益を目指して仕事をした。

33

convincing [kənvínsiŋ]

形 説得力のある；歴然とした

🌐 convince (説得する) の現在分詞の形容詞。a convincing argument で「説得力のある議論」。

S Professor Fletcher's recent lecture on cost control was quite convincing.

経費管理についてのフレッチャー教授の最近の講演はとても説得力があるものでした。

34

challenging [tʃǽlindʒiŋ]

形 困難な；やりがいのある

🌐 challenge (挑戦する) の現在分詞の形容詞。a challenging task (困難な仕事)

W Improving our on-time delivery rate will be challenging but not impossible.

当社の時間内配送率を高めることは困難だが、不可能なことではない。

35

demanding [dimǽndiŋ]

形 要求の多い；厳しい

🌐「大変な要求をする」という意味で、仕事や人の厳しさを形容する。

S Linda is a difficult and demanding boss, but also fair.

リンダは扱いづらく要求の多い上司だが、公平でもある。

36

rosy [róuzi]

形 有望な；バラ色の

🌐 事業などが「有望な」の意味で使う。a rosy future (バラ色の未来)

S Don't you think this business forecast is a little too rosy?

この事業見通しは少し楽観的すぎると思いませんか。

[仕事でよく使う形容詞・副詞] 37 → 44

37 systematic [sìstəmǽtik]
形 組織的な；体系的な

⊕ system(組織；体系)の形容詞。a systematic approach(体系的なアプローチ)

We take a systematic approach to measuring and maintaining production levels.
当社は生産水準を測定・維持するのに体系的なアプローチをとっています。

38 complicated [kámpləkèitid]
形 複雑な

⊕ a complicated problem(複雑な問題)、a complicated story(込み入った話)

This mobile music player almost seems too complicated to use and enjoy.
この携帯音楽プレイヤーは使って楽しむにはやや複雑すぎるように思えます。

39 potential [pəténʃəl]
形 潜在的な；可能性のある
名 潜在性

⊕「将来に成長する可能性がある」という意味。a potential client(見込み客)

She's a potential chief information officer.
彼女は最高情報責任者の有力候補だ。

40 immediately [imí:diətli]
副 ただちに；直接に

⊕「時をおかずに今すぐ」というニュアンス。at once や right away が類語。

When you arrive at work today, come immediately to my office.
今日出社したら、すぐに私のオフィスに来てください。

41

gradually [grǽdʒuəli]

副 徐々に；だんだんと

🌐 業績などの変化を表すのによく使う。反意語は rapidly（急速に）。

Our special diet pills help people gradually lose weight.

当社の特別なダイエット薬品は徐々に体重を下げる効果があります。

42

in-depth

形 徹底的な；綿密な

🌐 in-depth research（徹底的な調査）。ハイフンなしの in depth で「徹底的に」という副詞として使える。

Harry's in-depth engineering report was welcomed by the operations committee.

ハリーの綿密なエンジニアリング報告書は業務委員会に歓迎された。

43

clear-cut

形 明確な

🌐 clear や distinct を強調した表現。a clear-cut goal（明確な目標）、a clear-cut success（明らかな成功）

This market analysis is very clear-cut, despite all its data.

この市場分析は、あらゆるデータを取り込んでいるにもかかわらず非常に明確である。

44

last-minute

形 土壇場の

🌐 文字通りでは「最後の1分の」。last-minute demand で「駆け込み需要」。

Come to our store for all of your last-minute holiday shopping.

休暇の最後の買い物にぜひ当店にお越しください。

UNIT 12 仕事でよく使う名詞 40語

企画立案や業務遂行によく使う名詞があります。話したり書いたりするのに役立つものをまとめて覚えましょう。

[仕事に必須の名詞]

　仕事の会話やメールでは、ビジネスに特有の名詞を上手に使いこなすことが大切です。その意味は限定されているものが多く、仕事に関連した意味で覚えておくといいでしょう。

　仕事の「目標」には goal や objective を使い、1年の数値目標などを表します。view は「眺め」、input は「インプット」がおなじみですが、どちらも仕事では opinion と同じように「意見」の意味でよく使います。

　priority（優先事項；プライオリティ）、factor（要因）、concept（考え；コンセプト）、procedure（手順；手続き）、bottleneck（障害；ボトルネック）などは、日常生活ではあまり使わない仕事に特徴的な言葉と言えるでしょう。

momentum

[仕事でよく使う名詞] 1 → 4

Track 12

1. goal [góul]
名 目標

⊕ 仕事で目標設定するときの必須語。target や objective も同様の意味でよく使う。

One of our primary goals is to cut unnecessary costs.

我々の第一の目標の1つは不要なコストを削減することだ。

2. purpose [pə́ːrpəs]
名 目的；理由

⊕ 目指すものではなく、行動の理由を指す。for the purpose of で「〜の目的で」。

The purpose of this meeting is to discuss the possibility of renovating our warehouse.

この会議の目的は、当社の倉庫の改修が可能がどうか話し合うことです。

3. mind [máind]
名 心；考え方；注意

⊕「心の知性的な側面」を指す。「心の感情的な側面」は heart で表す。an open mind（偏見のない心；虚心坦懐）、slip one's mind（記憶から落ちる）

We need an open mind to find a creative solution to this problem.

我々は虚心の態度で、この問題の創造的な解決策を見つける必要がある。

4. effort [éfərt]
名 努力；苦労

⊕ ⟨make an effort⟩（努力する）、⟨in an effort to do⟩（do しようと努力して）で覚えておこう。

We have to make an effort to complete this project on time.

私たちはこのプロジェクトを期日に完了するよう努力しなければならない。

[仕事でよく使う名詞] 5 → 12

Track 12

5. **progress** [prágrəs]
名 進歩；発展

🌐 make progress で「進歩する」。in progress は「進展中で」の意味のイディオム。

The fashion startup made rapid progress that impressed even its competitors.

そのファッションの新興企業は急速に発展して、競合企業にも強い印象を与えた。

6. **practice** [prǽktis]
名 練習；習慣；実行

🌐 piano practice で「ピアノの練習」、office practices で「職場の習慣」。〈put ～ into practice〉で「～を実行する」。

Let's put this new organizational technique into practice.

この新しい組織化の技法を実行に移しましょう。

7. **role** [róul]
名 役割

🌐〈play a role〉(役割を果たす) で覚えておこう。

Technology plays an important role in our businesses, most notably logistics software.

当社の事業には、技術が、とりわけ物流管理ソフトが大きな役割を果たす。

8. **result** [rizʌ́lt]
名 結果
自 結果に終わる；結果として起こる

🌐 as a result で「結果的に」の意味のイディオム。動詞の〈result in ～〉(～という結果に終わる)、〈result from ～〉(～に起因する) も重要。

Thanks to everybody's hard work, our year-end report shows some positive results.

全員のハードワークのおかげで、当社の年度末報告書はいくつかの好ましい結果を示しています。

9. aspect [ǽspekt]
名 側面；観点

⊕ in every aspect で「すべての面で」、from a different aspect で「別の観点から」。

The board has to examine all aspects of this business proposition, especially cost.

取締役会は、この事業計画のすべての側面を、とりわけコストの面を検証しなければならない。

10. status [stéitəs]
名 地位；状況

⊕ social status で「社会的地位」、delivery status で「配送状況」。

The market status of that IT firm is rising, due to its many successful products.

多くの製品を成功させたことによって、そのIT企業の市場での地位は向上している。

11. scope [skóup]
名 範囲；領域

⊕ ⟨the scope of A⟩ で「Aの範囲」。range が類語。

The scope of the audit was broad, covering nearly every department in the firm.

監査の範囲は、会社のほぼ全部門に及ぶ幅広いものだった。

12. approach [əpróutʃ]
名 手法；接近

⊕ 仕事では「手法 (method)」の意味でよく使う。⟨an approach to A⟩ で「Aへの対処法」。

The management adopted a practical approach to boosting employee morale.

経営陣は、社員の志気を高めるのに実際的な手法をとった。

[仕事でよく使う名詞] 13 → 20

13. concept [kánsept]
名 考え；コンセプト

「アイデア (idea)」に近い意味。a new concept in sales campaign (販売キャンペーンの新しいコンセプト)

This alternative energy-based factory <u>concept</u> is not as complex as it may seem.

代替エネルギーを基礎にした工場というこのコンセプトは思うほど複雑ではない。

14. method [méθəd]
名 方法；方式

「物事を実行するやり方・手順」のこと。standard methods で「標準の方式」。

I'm happy to tell you that this new sales <u>method</u> really seems to work.

この新しい販売方式が実際に奏功しそうなことを、皆さんにお知らせできてうれしいです。

15. function [fʌ́ŋkʃən]
名 職務；機能

機械などの「機能」のほかに、人の「職務」の意味でも使える。

Ms. Sahabi's main <u>function</u> is to supervise component production.

サハビさんの主な職務は、部品の製造を管理することです。

16. procedure [prəsí:dʒər]
名 手順；手続き

「業務などの確立された流れ」を指す。a standard procedure (標準的な手順)

This new <u>procedure</u> will enable employees to track their working hours more easily.

この新しい手順によって、社員は労働時間をより簡単に管理できます。

17. input [ínpùt]
名 意見；協力

○ データの「入力」という意味もあるが、仕事では opinion（意見）の意味でもよく使う。

We welcome valuable input from employees, such as marketing ideas.

私たちは、マーケティングのアイデアなど、社員からの貴重な意見を歓迎します。

18. view [vjúː]
名 意見；眺め；視界

○ 「眺め」「視界」の意味もあるが、ビジネスでは「意見」の意味でよく使う。in view of で「～から判断して；～を考慮して」。

I'd like to hear everyone's views on our planned agenda, including doubts and suggestions.

疑問でも助言でも、予定の議題についてみなさんの意見を聞きたいと思います。

19. outlook [áutlùk]
名 先行き；見方

○ 「外を見ること」という原意から「将来的な見通し」の意味で使う。economic outlook（経済展望）

After testing, the outlook for this new electric car is not as favorable as we had thought.

テストを実施した後では、この新しい電気自動車の先行きは考えていたほど好ましくはない。

20. strength [stréŋθ]
名 強み；力

○ 「力」「体力」の意味もあるが、仕事では「強み」の意味でよく使う。strengths and weaknesses（強みと弱み）

A key strength of this company is its ability to quickly adapt to new circumstances.

この会社の核となる強みは、新しい環境に即座に適応できる能力だ。

[仕事でよく使う名詞] 21 → 28

Track 12

21
commitment [kəmítmənt]
名 約束；取り組み

⊕ 〈make a commitment〉で「約束する」「取り組む」。

That company made a commitment to buy spare parts from one particular supplier.
その会社は、特定のサプライヤー1社からスペア部品を購入する約束をした。

22
initiative [iníʃətiv]
名 率先；主導権；イニシアチブ

⊕ 〈take the initiative to do〉で「率先してdoする」。

We need to take the initiative and restart talks on launching a new branch.
我々が主導して、新しい支社を立ち上げる話し合いを再開する必要がある。

23
priority [praiɔ́:rəti]
名 優先事項

⊕ 形容詞 prior (先の) の名詞形。the top priority で「最優先事項」。

Satisfying customers is our priority even in difficult circumstances.
困難な状況であっても、お客様にご満足いただくことが我々の優先事項です。

24
perception [pərsépʃən]
名 認識；理解

⊕ 身体的な「知覚」の意味もあるが、ビジネスでは精神的な「認識；理解」の意味でよく使う。customer perception (顧客の認識)

The new, updated logo changed people's perception of the firm.
新しく刷新されたロゴは、その会社に対する人々の認識を変えた。

25
portion [pɔ́ːrʃən]
名 部分

🌐 part と同様に使える。〈a portion of A〉で「Aの一部」。

A large portion of our profits come from selling online.
当社の利益の大部分はネット販売からもたらされる。

26
element [éləmənt]
名 要素；要因；要諦

🌐 a key element で「重要な要素[要因]」、the elements of computer science で「コンピュータサイエンスの基礎」。

Innovation is a crucial element of every one of our business ventures.
技術革新は、我々の事業のどの1つにとっても重要な要素だ。

27
factor [fǽktər]
名 要因；要素

🌐〈a key [important] factor in A〉で「Aの主要な要因[要素]」。

Having a clear vision was an important factor in Ms. Jankovik's rise to success.
明快なビジョンを持つことが、ヤンコビッチ氏の成功の重要な要因だった。

28
gap [gǽp]
名 隔たり；ギャップ

🌐 gender gap で「性差」、generation gap で「世代間のずれ」。reduce the gap で「差を埋める」。

The state is trying to reduce the gap between the rich and the poor.
その国は、富める者と貧しい者のギャップを埋めようとしている。

[仕事でよく使う名詞] 29 → 36

29 **tendency** [téndənsi]
名 傾向；性癖

🌐 市場などの「傾向」のほか、人の「性癖；くせ；体質」の意味でも使える。

We think the tendency of consumers to look for discounts will continue.
格安品を求めるという消費者の傾向は続くものと、私たちは考えています。

30 **impact** [ímpækt]
名 影響；衝撃

🌐〈make an impact on ~〉で「~に影響を及ぼす」。an adverse impact で「悪影響」。

Social media has had a great impact on us, particularly with consumer feedback.
ソーシャルメディアは、特に消費者の反応において、私たちに大きな影響を与えている。

31 **momentum** [mouméntəm]
名 勢い；モメンタム

🌐 gain [lose] momentum（勢いを増す[失う]）のコロケーションでよく使われる。

The labor negotiations gained momentum as the deadline to close a deal approached.
妥結の期限が近づくにつれて、労使交渉には勢いがついた。

32 **phase** [féiz]
名 段階；局面

🌐 stage のフォーマルな表現。プロジェクトなどの「段階」を示すのによく使う。「フェーズ」とカタカナ化している。

We are going through a rough phase at the moment, but are confident we will survive.
我々は今、厳しい局面に入っているが、生き残ることに自信をもっている。

33

frustration [frʌstréiʃən]
名 不満；フラストレーション

🌐 会社組織内での心理状態の1つとしてよく出る言葉。manage [deal with] frustration (不満に対処する)

The firm had a lot of frustration with the new tax policy.

その会社は新しい税制に大きな不満を抱いていた。

34

burden [bə́ːrdən]
名 重荷；負担　他 負担を負わせる

🌐 業務・責任の「物理的・精神的な負担」の意味で使う。share a burden で「負担を分かち合う」。

The new production targets place a big burden on the assembly line supervisors.

新しい生産目標は、組み立てラインの管理者に大きな負担となっている。

35

bottleneck [bάtlnèk]
名 障害

🌐 文字通りには「瓶 (bottle)」の細くなっている「首 (neck)」の部分のこと。転じて、流れを滞らせる「障害」を指す。

The first step of eliminating an output bottleneck is identifying it.

生産の障害を除去する第一歩は、それが何かを突き止めることだ。

36

drawback [drɔ́ːbæk]
名 欠点；障害

🌐 動詞句の draw back (後退する) が名詞化したもの。benefits and drawbacks (利点と欠点)

One drawback of the strategy you suggested is that it would take too long.

あなたが提案した戦略の1つの欠陥は、時間がかかりすぎるということだ。

[仕事でよく使う名詞] 37 → 40

Track 12

37

mission [míʃən]
名 任務；組織の目的

⊕ mission statement は「企業理念」の意味でよく使う。

The <u>mission</u> of our museum is to showcase the art of the world.

当美術館の<u>使命</u>は世界中の芸術作品を披露することです。

38

vision [víʒən]
名 未来像；ビジョン

⊕「視力」「視界」の意味もあるが、仕事では「未来像；先見性」の意味でよく使う。〈have visions of ~〉で「~の見通しがある」。prospect が近い表現。

We have a clear <u>vision</u> of what we want to achieve: a clean environment.

私たちは達成したいことの明確な<u>ビジョン</u>をもっている。すなわち、きれいな環境だ。

39

essence [ésəns]
名 最も重要なところ；本質

⊕ in essence で「本質的に」という意味のイディオム。

The <u>essence</u> of this proposal is equal sharing of profits between the joint venture companies.

この提案の<u>重要点</u>は、合弁事業の参加企業間で利益を公平に分配することです。

40

insight [ínsait]
名 洞察力；見識

⊕ 仕事や物事を「正確に深く理解する能力」のこと。a leader of great insight で「深い洞察力のあるリーダー」。

Mr. Lowell has remarkable <u>insight</u>, and understands people very well.

ロウェル氏はすばらしい<u>洞察力</u>をそなえていて、人を非常によく理解する。

第2部

ビジネス・スタンダード
仕事を飛躍させる480語

Track 13 〜 Track 22

UNIT 13 経営・戦略 50語

会社の経営や戦略立案などに使う単語を集めました。自社の紹介や宣伝にも役立つ表現が多いです。

【 経営のキーワード 】

経営や戦略を語るのに使う言葉は、カタカナとしておなじみのものがいくつもあります。

「戦略」の strategy、「戦術」の tactics はそれぞれ「ストラテジー」「タクティクス」として使われています。「持続可能な」の sustainable も「サステナブル」、「相乗効果」の synergy も「シナジー」、「情報開示」の disclosure も「ディスクロージャー」とカタカナ化しています。

一方で、カタカナ語が英語に一致しないものは注意が必要です。「リストラ」は日本では主に「人員解雇」の意味で使われますが、英語の restructuring は「再構築；再編」の意味で、人員解雇も含む広い意味での「組織・業務改革」を指します。

lucrative

[経営・戦略] 1 → 4

1. strategy [strǽtədʒi]
名 戦略

経営・事業などの「全体的な計画」の意味で使う。個別の細かい「戦術」には tactics を使う。

The board of directors developed a new strategy to deal with rising costs.
取締役会は、増加する経費に対処する新たな戦略を取り入れた。

2. enterprise [éntərpràiz]
名 会社；事業

a state-owned enterprise で「国営企業」、a joint enterprise で「合弁事業」。

Hamel Water and Power is an enterprise that is 50% owned by the government.
ハメル・ウォーター・アンド・パワーは、政府が50％を保有する企業である。

3. target [tɑ́ːrgət]
名 目標；ターゲット

a target market は「販売の対象とする市場」、a sales target で「販売目標」。

Our company set a target of €2.1 billion in sales this year.
当社は今年、21億ユーロの販売目標を設定した。

4. leading [líːdiŋ]
形 主要な；トップの

a leading firm でその業界の「トップ企業」。

Centro Paper Co. is a leading firm in its industry.
セントロ・ペーパー社は業界のトップ企業だ。

[経営・戦略] 5 → 12

5 globally [glóubəli]
副 国際的に

⊕ globally competitive で「国際的に競争力のある」、globally recognized で「世界で有名な」。形容詞は global (国際的な)。

We are proud of our globally competitive workforce.
我々は当社の国際的に競争力がある社員を誇りに思っています。

6 lucrative [lú:krətiv]
形 収益の高い；もうかる

⊕「大きな利益をもたらす」という意味。a lucrative career (もうかる職業)。profitable や moneymaking が類語。

Francine Burns operates a lucrative clothing shop on the west side of the city.
フランシン・バーンズは市の西部で、収益の高い衣料品店を営んでいる。

7 prosperous [práspərəs]
形 繁栄している；成功している

⊕ 会社・人・国などが「繁栄している」という意味で使う。thriving や flourishing が類語。動詞は prosper (繁栄する)。

The state has become more prosperous since Governor Reed developed more business-friendly policies.
リード知事が企業に配慮した政策を取り入れてから、その州はさらに繁栄している。

8 award [əwɔ́:rd]
名 賞

⊕「受賞者」は award-winning writer (受賞経験のある作家) のように表す。

We're very pleased that our company won this prestigious award.
弊社がこのような名誉ある賞をいただけたことに大きな喜びを感じます。

9. philosophy [fəlásəfi]
名 哲学；原理

🌐 会社や経営者の「原理的な考え方」を指す。business philosophy (事業哲学)

"Satisfying all customers" is a business philosophy of our company.
「すべてのお客様に満足していただく」が、当社の事業哲学です。

10. restructure [rìːstrʌ́ktʃər]
他 自 再編する；立て直す

🌐 会社の組織や事業などを「再編成する；組み直す」こと。名詞の restructuring もよく使われる。「リストラ」は layoff や downsizing が適当。

The board decided to restructure, mainly by combining some departments.
取締役会は、主にいくつかの部門を統合することで再編を行う決断をした。

11. streamline [stríːmlàin]
他 効率化する

🌐 名詞で「流線型」の意味。流線型のイメージのように、会社・事業構造を「効率化・簡素化する」こと。

The CFO wants to streamline the production process by making some cuts.
そのCFOは、いくつかの削減を行うことで製造プロセスを効率化したいと考えている。

12. diversify [dəvə́ːrsifài]
他 多角化する；多様化する

🌐 事業や商品群を「多角化する」という意味でよく使う。形容詞は diverse (多様な)、名詞は diversity (多様性)。

We try to diversify our workforce by hiring people from all types of ethnic groups.
我々は、あらゆる人種集団から人を採用することで労働力を多様化する努力をしています。

[経営・戦略] 13 → 20

Track 13

13 reshuffle [rìːʃʌ́fl]
他 人員を入れ替える　名 人事改造

⊕「人事改造する」こと。部課やチームなど組織に対して使う。

The new CEO reshuffled the management as soon as she took on her job.
新しいCEOは就任してすぐに経営陣を入れ替えた。

14 sustainable [səstéinəbl]
形 持続可能な

⊕ 会社・事業・環境などが「長い期間にわたって継続できる」という意味。「サステナブル」とカタカナになっている。動詞はsustain (持続させる)。

CEO Ashford is concerned that the current revenues of the firm are not sustainable.
アシュフォードCEOは、会社の現在の収入は持続可能なものではないと心配している。

15 stakeholder [stéikhòuldər]
名 利害関係者

⊕ 株主・経営陣・社員・顧客・地域社会など、その企業に利害を有する関係者を指す。「出資者」に限定して使うこともある。

We always consider local communities to be prime stakeholders in our firm.
我々はいつも、地元社会が当社の第一の利害関係者であると考えています。

16 holding company
持ち株会社

⊕ 傘下企業の株式をまとめて保有する会社。〈~ Holdings〉という社名が付いていることが多い。「複合企業」は conglomerate。

Orbin Group is set up as a holding company, which, in turn, owns several other firms.
オービン・グループは持ち株会社として設立され、同社は他の数社を傘下に収めている。

17

collaborate [kəlǽbərèit]
自 協業する

🌐 共同で働く（work jointly）こと。名詞は collaboration（協業）。

Several firms have collaborated to develop a new type of plastic.
新しい種類のプラスチックを開発するために、数社が協業している。

18

mergers & acquisitions
吸収合併

🌐 日本語と語順が変わるので注意。merger が「合併」、acquisition が「吸収；買収」。M&A と略す。

East Bank commonly funds mergers and acquisitions among major corporations.
イーストバンクは大企業間の吸収合併に広く資金を提供します。

19

synergy [sínərdʒi]
名 相乗効果；シナジー

🌐 2社がもつ力が補完的に働いて大きな効果をあげること。提携や合併の話題でよく使われる。

The joint venture brought both firms a large amount of synergy through working closely together.
その合弁事業により、両社は緊密に協業して多くの相乗効果を得ることができた。

20

monopoly [mənápəli]
名 独占；独占企業

🌐 市場や販売権の「独占」の意味で使う。動詞は monopolize（独占する）。「寡占」は oligopoly と言う。

Rice Lake Utilities has a monopoly on energy production in the province.
ライスレイク・ユーティリティーズは州のエネルギー生産を独占している。

[経営・戦略] 21 → 28

21 **integrate** [íntəgrèit]
他 統合する；集約する

⊕ integrate services で「サービスを集約する」。名詞は integration (統合)

After the merger, both firms will have challenges in integrating their structures.
合併の後、両社は組織を統合することで問題に直面するだろう。

22 **consolidate** [kənsálidèit]
他 統合する；強化する

⊕ consolidate a position で「地位を強化する」。なお、会計で consolidated accounting は「連結決算」のこと。

The firm consolidated all of its unpaid invoices into several large payments.
その会社は未払いの請求のすべてをいくつかの大口の支払いにまとめた。

23 **disclosure** [disklóuʒər]
名 情報開示；ディスクロージャー

⊕ 動詞 disclose (公表する) の名詞形。企業の内部情報などを公開すること。

Disclosure of the terms of this contract are prohibited to all the signatories.
この契約条件を開示することは、調印当事者すべてに禁止されている。

24 **projection** [prədʒékʃən]
名 見通し；予測

⊕ a sales projection で「販売予測」。

A projection of current market conditions indicates that stocks will continue to rise.
現在の市場環境の見通しによれば、株価は上がり続けるだろう。

25

due diligence
資産評価；デューデリジェンス

⊕企業買収や不動産購入の際に行う「資産・負債などの評価」のこと。経済誌などでは、カタカナとして使われている。

S We're still doing due diligence on that property.

私たちはまだ、その不動産の資産評価をしている最中です。

26

feasibility study
事業化調査

⊕形容詞 feasible は「実現可能な」の意味で、名詞の feasibility は「実現可能性」。プロジェクトなどの実現可能性を事前に調査すること。

W The firm conducted a feasibility study on opening a new branch in Prague.

その会社は、プラハに新しい支社を開設する事業化調査を行った。

27

maneuver [mənúːvər]
他 巧みに操る　名 操作

⊕軍事でよく使われるが、会社や事業を「巧みにコントロールする」という意味で使える。

W Ms. Gu is able to easily maneuver through complex supplier negotiations.

グー氏は、複雑なサプライヤーの交渉の全体をうまく動かすことができる。

28

annual meeting
年次総会；年次会議

⊕「年次の株主総会」の意味でよく使うが、一般的に「年次会議」に広く使える。annual は「1年に1回の」の意味。

W The Shoe Association will hold its annual meeting on October 9.

履き物協会は10月9日に年次会議を開催する。

[経営・戦略] 29 → 36

Track 13

29 voting right
議決権

⊕ 会社の意思決定において行使できる株主の権利のこと。委任することもできる。

Shareholder voting rights are limited to those with certain classes of shares.
株主の議決権は、ある種の株式の所有者に制限される。

30 proxy fight
委任状争奪戦；プロキシーファイト

⊕ 株主総会に向けて、異なる主張をもつ株主が、一般株主の議決権を委任する proxy（委任状）を争奪し合うこと。

Rebecca is contacting numerous major shareholders to get their support in her proxy fight.
レベッカは委任状争奪戦で、多くの大株主の支持を得ようと、彼らに接触している。

31 agile [ǽdʒəl | ǽdʒail]
形 機動的な；俊敏な

⊕「動きが素早く俊敏である」という意味。会社の行動や人の仕事の仕方を形容するのに使う。agile management（機動的な経営）

Yvonne is an agile negotiator, able to move from point to point quickly.
イヴォンヌは素早くあちこちに動き回ることができる、俊敏な交渉担当者だ。

32 proactive [proʊǽktɪv]
形 先を見越した；積極的な

⊕「先を見越して機先を制する」というイメージ。a proactive approach（機先を制するやり方）

Finley Publishing is proactive in guarding its market share.
フィンリー出版は、その市場シェアを守ることに積極的だ。

33

cornerstone [kɔ́ːrnərstòun]

名 拠り所；基盤

⊕ basis（基礎）をしゃれて表現する言葉。

Online sales are the cornerstone of Whiz Net Shopping.

ネットでの販売は、フィズ・ネットショッピングの拠り所となっている。

34

leverage [lévəridʒ]

名 てこの力；レバレッジ

⊕ leveraged buyout は「他社資本をてこにして買収をすること」。

The firm is carrying a lot of leverage, since 86% of its financial structure is debt.

その会社は、財務構造の86％が借入金で、大きなレバレッジをかけている。

35

supply chain

サプライチェーン；供給チェーン

⊕「原料材調達」→「生産管理」→「物流」→「販売」までの一連の流れ。これを統合的に管理することを SCM（supply chain management）と言う。

As Liones Steel Co. grew its supply chain became longer and much more complex.

ライオネス・スティール社は発展するにつれて、そのサプライチェーンはより長く、複雑になった。

36

core competence

中核事業；コアコンピタンス

⊕ その企業の「核になる能力や得意分野」のこと。competence は「能力」の意味。

The core competence of our firm is business software.

当社の中核事業はビジネスソフトだ。

[経営・戦略] 37 → 40

37 donate [dóuneit | −́−]
他 寄付する

🌐 donation で「寄付」、donor は「寄付をする人；寄贈者」。

The firm will donate £2 million to various charities this year.
その会社は今年、さまざまな慈善事業に200万ポンドを寄付する予定だ。

38 entrepreneur [àntrəprənə́:r]
名 事業家

🌐 「事業を興して運営する人」を指す。

Jason Hirsh is a noted entrepreneur who has started several small businesses.
ジェイソン・ハーシュは、いくつかのスモールビジネスを起業した有名な事業家である。

39 fundraising [fʌ́ndrèiziŋ]
形 資金調達の

🌐 raise a fund で「資金を集める」。

I'll attend a weekend fundraising event hosted by Save Wildlife Fund.
私は、野生生物保護ファンドが主宰する週末の資金調達イベントに参加します。

40 philanthropic [filənθrápik]
形 慈善事業の

🌐 名詞の philanthropy は「慈善事業；慈善団体」の意味。フィランソロピーは日本語にもなっている。

Our CEO is eagerly engaged in philanthropic activities.
我が社のCEOは慈善事業の活動に熱心に取り組んでいます。

【 もっと知りたい Plus 10 】 41 → 50

戦略を語るためのキーワード

- **domain** [douméin] 　　名 事業領域；ドメイン
  - 自社が活動する「事業領域」を指す。

- **scheme** [skíːm] 　　名 計画；仕組み

- **alliance** [əláiəns] 　　名 提携；協力

- **resilience** [rizíliəns] 　　名 耐性
  - 「レジリエンス」とカタカナでも使われる。

- **empowerment** [impáuərmənt] 　　名 能力向上；権限委譲

- **accountability** [əkàuntəbíləti] 　　名 説明責任

- **bottom line** 　　最重要点；純損益
  - 損益計算書の最終行（純損益）のことだが、転じて「最重要点」の意味でよく使う。

- **contingency** [kəntíndʒənsi] 　　名 不測の事態；緊急事態
  - contingency plan で「緊急事態対策」。

- **trade-off** 　　名 相殺；二律背反
  - 何かを達成すれば何かを犠牲にしなければならない状況に使う。

- **blue ocean** 　　無限の大海；ブルーオーシャン
  - 「競争のない無限に広がる市場」のたとえ。対して、red ocean は「血みどろの戦いが行われる競争市場」のこと。

UNIT 14 業績・会計 40語

仕事をする上で経理の基本知識は欠かせません。ビジネスパーソンが知っておくべき最低限の経理と業績についての表現です。

【 業績・会計のキーワード 】

sales（売り上げ）、gross margin（粗利益）、earnings（利益）、net profit（税引き後の純利益）はそれぞれ異なった数字を表すので、使い分けましょう。

業績は fiscal year（事業年度）に合わせた年単位が基本ですが、上場企業の場合には quarter（四半期）単位で決算数字を公表するのが一般的です。

決算時に税務当局に提出する「財務諸表」は financial statements と呼ばれ、income statement（損益計算書）、balance sheet（バランスシート）、cash flow statement（キャッシュフロー計算書）の3種類で構成されます。損益計算書は損（loss）益（profit）から P/L、バランスシートは B/S、キャッシュフロー計算書は C/F と略記されます。

損益計算書とバランスシート

損益計算書

Income Statement

(in millions)

売上げ	① Sales	3,560	
売上原価	② Sales costs	2,450	
売上総利益	③ Gross margin	1,110	①－②
営業経費	④ Operating expenses	880	
営業利益	⑤ Operating income	230	③－④
その他利益・経費	⑥ Other incomes and expenses	24	
税引き前利益	⑦ Profit before taxes	254	⑤＋⑥
税金	⑧ Taxes	99	
純利益	⑨ Net profit	155	⑦－⑧

バランスシート

Balance Sheet

	(資金の運用形態)		(資金の調達源泉)		
資産	**Assets**		**Liabilities**		負債
流動資産	Current assets		Current liabilities		流動負債
現金	Cash	1,200	Accounts payable	1,600	買掛金
売掛金	Accounts receivable	950	Wages payable	550	未払い賃金
棚卸資産	Inventory	370	Interests payable	230	未払い利子
投資	Investments	1,300	Long-term liabilities	1,700	長期負債
不動産・機器	Property and equipment	890	Stockholders' equity		株主資本
無形資産	Intangible assets	450	Common stock	300	普通株
			Retained earnings	780	剰余金
総資産	**Total assets**	5,160	**Total liabilities and Stockholders' equity**	5,160	総負債・株主資産

[業績・会計] 1→8

Track 14

1. fiscal year
事業年度；会計年度

🌐 企業が自由に設定できる。欧米企業は12月決算が多い。

The fiscal year of the firm begins on January 1, as noted in its accounting report.

その会社の事業年度は、会計報告書に記載の通り、1月1日から始まる。

2. quarter [kwɔ́:rtər]
名 四半期

🌐 上場企業は四半期単位で業績を発表するので、頻繁に使われる。quarterlyは形容詞で「四半期の」、副詞で「四半期で」の意味。

The financial results for this quarter will be posted on the Web site of the firm.

今四半期の決算は当社のウェブサイト上に発表されます。

3. earnings [ə́:rniŋz]
名 (企業の) 利益；収益

🌐 複数で使う。earnings before taxesで「税引き前利益」、earnings forecastで「利益見通し」。個人の「所得」の意味でも使う。

Nearly half of the earnings of the firm now come from overseas sales.

その会社の収益のおよそ半分は今、海外の販売からもたらされている。

4. revenue [révənjù:]
名 収入；売上高

🌐 「会社に入ってくる金額」を指す。

Last year, our revenue doubled and in the coming year, we're expecting substantial growth too.

昨年、当社の収入は倍増した。来年も大きな成長を期待している。

5. gross margin
売上総利益；粗利益

🌐「売上額（sales）」−「売上原価（sales costs）」=「売上総利益（gross margin）」。margin は「利ざや」の意味。

Our gross margins are high, although profits have been decreasing.
利益は落ちているが、我々の売上総利益は高い水準だ。

6. net profit
純利益

🌐「税引き後利益」のこと。net income とも言う。「純損失」は net loss である。

The firm earned a net profit of $229 million.
その会社は2億2900万ドルの純利益を計上した。

7. in the red
赤字で

🌐昔、帳簿を付けるときに赤字で損失額を記入したことから。in the red で「赤字で」。in the black は「黒字で」。

The firm is in the red, mainly due to a shrinking market share.
その会社は、主に市場シェアの縮小によって赤字に陥っている。

8. post [póust]
他 公表する；計上する

🌐業績数字を「公表する」という意味で使う。

The firm will post its quarterly revenues on July 8.
その会社は7月8日に四半期収入を公表する予定だ。

[業績・会計] 9 → 16

Track 14

9. budget [bʌ́dʒət]
名 予算

a budget plan で「予算計画」、budget cuts で「予算削減」。

The company budget includes €6 million for facility development and maintenance.
会社の予算には、施設の発展と維持に充てる600万ユーロが含まれている。

10. expense [ekspéns]
名 経費

通例、複数。costs や expenditures が類語。

The CFO wants to reduce the expenses of the firm, especially those related to labor.
CEOは会社の経費、特に人件費に関わるものを削減したいと考えている。

11. return [ritə́ːrn]
名 収益;(納税) 申告書

投資などから得られる「収益」の意味で使う。tax return で「納税申告 (書)」。

The company has received a steady 9.2% return on its property investments.
その会社は不動産投資から9.2%という安定した収益を獲得してきた。

12. amount [əmáunt]
名 金額;数量

the total [full] amount で「総額」。動詞として使えば、〈amount to A〉で「A に達する」。

The amount listed on this bill must be paid by November 30.
この請求書に記載された金額は11月30日までにお支払いいただく必要があります。

13

quotation [kwoutéiʃən]

名 見積もり(書)

🌐 quote と略記することも。「見積もり」には estimate も使う。estimate が「概算の見積もり」、quotation が「公式の見積もり」と使い分けることもある。

After entering your personal details in the field below, we can provide you a health insurance quotation.

下の欄にあなたの個人情報の詳細を入力いただいた後で、我々は健康保険のお見積もりを提供できます。

14

invoice [ínvɔis]

名 請求書；インボイス
他 請求する

🌐 明細を記入した「請求書」。他に bill も使う。動詞でも使えて、〈invoice A for B〉で「AにBについての請求をする」。

This invoice contains all charges for your firm for the month of August.

この請求書には8月分の御社への請求のすべてが含まれています。

15

due date

期日；納期

🌐 支払いの「期日」や仕事の「納期」の意味で使う。due は「支払うべき」の意味。

The due date for your next credit card payment is February 8.

お客様のクレジットカードの次の支払日は2月8日です。

16

outstanding [àutstǽndiŋ]

形 未払いの

🌐 outstanding debt で「未払い負債」。「目立った」という意味もある。

The firm has about $72 million in outstanding debt.

その会社は約7200万ドルの未払い負債をかかえている。

[業績・会計] 17 → 24

Track 14

17
accountant [əkáuntənt]
名 会計士；会計係

○ CPA (certified public accountant) は「公認会計士」。accounting で「会計；経理」。

She is an accountant with wide experience in keeping financial records.
彼女は、財務記録を管理する幅広い経験のある会計士である。

18
transaction [trænzǽkʃən]
名 取引

○ 動詞 transact（取引する）の名詞形。a bank transaction（銀行取引）、an online transaction（ネット取引）

Any bank transaction over $12,000 may be reported to the national government.
1万2千ドルを超える銀行取引は中央政府に報告されることがあります。

19
break-even point
損益分岐点

○ 損失ゼロ・利益ゼロになる売上（収入）額のこと。break even は「損益分岐点に達する」という動詞句。

We project that it may take up to 18 months to reach the break-even point on the factory investment.
その工場への投資で損益分岐点に達するには18カ月近くかかると、私たちは予測しています。

20
overhead [óuvərhèd]
名 一般管理費；間接費

○ 売上原価（sales costs）を除いた「一般管理費（operating costs）」のこと。overhead costs とも言う。

We are experiencing higher overhead, since utilities charges are rising.
公共料金が上がっているため、私たちの一般管理費は増加している。

21. expenditure [ikspénditʃər]
名 経費；費用

⊕ personnel expenditure で「人件費」、reduce expenditure で「経費を削減する」。

CFO Grover is determined to cut down on high expenditures at the firm.
グローヴァー最高財務責任者は会社の高水準の経費を削減する決意だ。

22. economical [ìːkənámikəl]
形 経済的な；節約の

⊕ an economical solution で「経費のかからない解決策」、an economical car で「燃費のいい車」。economic（経済の）と区別して覚えよう。

We are looking for a more economical way to meet our supply needs.
私たちは供給品のニーズに応えるもっと経済的な方策を模索しています。

23. petty cash
小口現金

⊕ 日常的な費用の支払いのために用意しておく少額の現金のこと。petty は「小さな」の意味で、petty crime なら「軽犯罪」。

The office usually keeps about $300 in petty cash on hand.
このオフィスではいつも、300ドルくらいの小口現金を手元に置いている。

24. reimburse [rìːimbə́ːrs]
他 払い戻す；出金する

⊕ pay back の意味。社内では、経費を「払い戻す」の意味でよく使う。

The human resources department will reimburse employees for half of all tuition costs.
人事部は授業料の総額の半分を社員に払い戻します。

[業績・会計] 25 → 32

Track 14

25 financial statements
財務諸表

⊕ income statement (損益計算書)、balance sheet (バランスシート)、cash flow statement (キャッシュフロー計算書) の3種類で構成される、税務署提出用の書類。

The auditors are still reviewing the financial statements of the firm.
監査担当者はまだその会社の財務諸表を調査している。

26 balance sheet
バランスシート

⊕ 日本の「貸借対照表」に当たる。credit (貸し方) に「負債」「株主資本」を、debit (借り方) に「資産」を記入する。credit=debit になる。

The balance sheet of the firm shows that it has assets that are significantly greater than its liabilities.
その会社のバランスシートは、会社が負債よりもはるかに多い資産を保有していることを示している。

27 asset [ǽset]
名 資産

⊕ 不動産などすぐに現金化できないものは fixed assets (固定資産)、すぐに現金化できる有価証券などは current assets (流動資産) と言う。

Intellectual properties are the main asset of IGT Technologies.
知的所有権がIGTテクノロジーズの主要な資産である。

28 liability [làiəbíləti]
名 負債

⊕ 「責任」という意味でも使う。

We have a strong enough cash flow to cover liabilities.
我々は負債を充当するのに十分強固なキャッシュフローを保持している。

29

accounts receivable
売掛金；売掛資産

⊕「売上げは立っているが、まだ支払いを受けていない金額」のこと。「まだ支払いを済ませていない金額」は accounts payable（買掛金）と呼ぶ。

Accounts receivables at the firm are primarily composed of outstanding invoices.
その会社の売掛金のほとんどは未払いの請求である。

30

inventory [ínvəntɔ̀:ri]
名 棚卸資産；全在庫品

⊕在庫としてある製品・半製品・原材料などの合計。なお、在庫を数えることを「棚卸し」と言う。

Most of the inventory of the firm is the building materials stored in its warehouses.
その会社の棚卸資産の多くは、倉庫に保管されている建設資材である。

31

depreciate [diprí:ʃièit]
他 減価償却する

⊕depreciate は機械類など有形固定資産の償却に使い、無形固定資産の償却には amortize を使う。

The firm will depreciate hard assets such as its property fixtures, in line with general accounting standards.
その会社は一般的な会計原則に従って、物件の設置機器などの固定資産を減価償却する予定だ。

32

debt [dét]
名 借入金；債務

⊕pay off debts で「借入金を返済する」。

The firm carries about $86 million in debt, made up mainly of commercial loans.
その会社は8600万ドルの債務を抱えていて、その多くは銀行からの借り入れである。

[業績・会計] 33 → 40

Track 14

33. write off
〜を償却する；〜を損金処理する

⊕ 不良債権などを一括で償却すること。

The CEO decided to write off some of its older machinery as a loss.
CEOは老朽化した機械の一部を損失として償却することを決めた。

34. tax provision
納税引当金

⊕ 会社の税金（法人税・事業税など）の支払いのために確保しておく準備金のこと。provision for taxesとも言う。

The maker keeps £600 million in deposits as tax provisions.
そのメーカーは納税引当金として6億ポンドを確保している。

35. deduct [didʌ́kt]
他 控除する

⊕「合計から差し引く」が原意。名詞はdeduction（控除）。

Interest on loans may be deducted from the tax liabilities of the firm.
ローン金利は、会社の税金負債から控除できる。

36. accrual basis
発生主義

⊕ 売上・経費が発生した日に記帳する会計方式。cash basis（現金主義）は現金の出入りの日で記帳する。

The firm does its accounting on an accrual basis, not a cash one.
その会社は会計を現金主義でなく、発生主義で行っている。

You are here! ▶	288	544	774	1024
	UNIT 6	UNIT 12	UNIT 17	UNIT 22

37

discrepancy [diskrépənsi]

名 不一致；矛盾

🌐「数値やデータなどが矛盾していること」を指す。経理上の「数値の不一致」の意味で使う。

Investigators found <u>discrepancies</u> between the firm's reported and actual financial figures.

調査官らは、その会社が報告した財務数字と実際の数字に<u>不一致</u>があることを発見した。

38

economy of scale

規模の経済；スケールメリット

🌐 例えば、生産数量を増やすことで、原価を下げて、利幅を高めること。

The company uses its 12 large factories to produce on <u>economies of scale</u>.

その会社は12の大型工場を使って、生産の<u>スケールメリット</u>を実現している。

39

IPO

新規株式上場

🌐 initial public offering の省略語。「株式上場」は listing とも言う。「株式を上場する」は list や go public を使う。

The <u>IPO</u> of privately-held Tezo Game Co. was long awaited by financial markets.

個人所有のティーゾ・ゲーム社の<u>新規株式上場</u>は金融市場から長い間待ち望まれていた。

40

bankrupt [bǽŋkrʌpt]

形 倒産した；破産した

🌐 insolvent も同意。go bankrupt で「倒産する」。名詞は bankruptcy（倒産；破産）。

The electronics maker went <u>bankrupt</u> after 12 straight quarters of losses.

その電子機器メーカーは、12四半期連続で赤字を出した後で<u>倒産</u>した。

UNIT 15 開発・製造・物流 40語

「開発」→「製造」→「物流」のサプライチェーンでよく使う基本語を中心にしたセレクションです。

[サプライチェーンでイメージする]

　開発から物流までの一連の業務に関する単語は、サプライチェーンをイメージして覚えておきましょう。

　「研究・開発」は research and development と呼び、よく R&D と略します。研究開発の拠点となる「研究所」は laboratory です。「製品企画」は product planning、「試作品」は prototype です。

　次の段階では materials（原材料）や parts/components（部品）を vendor/supplier（納入業者）から調達し（procure）ます。製造は factory（工場）で行い、工場には流れ作業で製品を組み立てていく assembly line（組み立てライン）があります。

　最後は製品を流通させる（distribute）段階で、在庫管理を含む「物流」を logistics と呼びます。

【 サプライチェーンのフロー 】

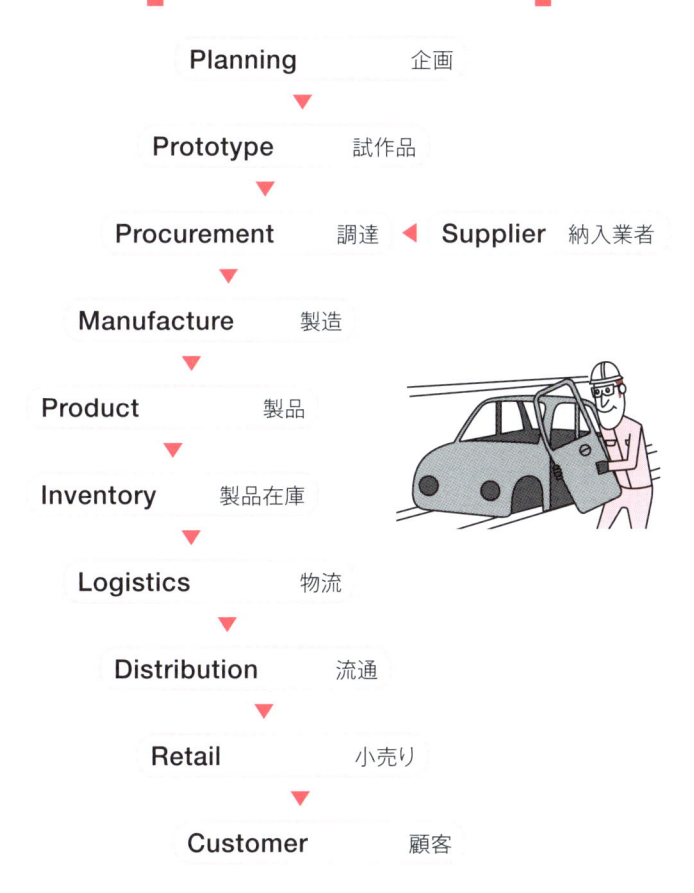

Planning　　企画
▼
Prototype　　試作品
▼
Procurement　　調達　◀　Supplier　　納入業者
▼
Manufacture　　製造
▼
Product　　製品
▼
Inventory　　製品在庫
▼
Logistics　　物流
▼
Distribution　　流通
▼
Retail　　小売り
▼
Customer　　顧客

[開発・製造・物流] 1 → 8

Track 15

1. factory [fǽktəri]
名 工場

🌐 a car factory で「自動車工場」、a chemical factory で「化学品工場」。plant も同意で使える。

This <u>factory</u> produces several types of aircraft components.
この<u>工場</u>は数種類の航空機部品を製造しています。

2. facility [fəsíləti]
名 設備；施設

🌐 production facilities で「製造設備」、parking facilities で「駐車施設」。

This <u>facility</u> is where the hospital sanitizes its medical instruments.
この<u>施設</u>は、病院が医療機器を消毒するところです。

3. assembly line
組み立てライン

🌐 動詞 assemble は「組み立てる」の意味。

As you can see, this <u>assembly line</u> is operating at full capacity.
ごらんの通り、この<u>組み立てライン</u>はフル稼働しております。

4. laboratory [lǽbərətɔ̀:ri]
名 研究所

🌐 lab と略すことも。

Please put on your protective safety glasses and coats before we enter the <u>laboratory</u>.
<u>研究所</u>に入る前に、安全対策のための保護眼鏡と上着を身につけてください。

5. research & development
研究開発

⊕ research が「研究」、development が「開発」。R&D と略す。

The research and development division of the firm has created over 200 patented devices and processes.
その会社の研究開発部門は200以上の特許を取得した機器と工程を作り出してきた。

6. material [mətíəriəl]
名 材料；素材

⊕ raw materials で「原材料」、organic material で「有機物」。

A special foam material inserted into our seats makes them especially comfortable.
シートに挿入した特殊な発泡素材がシートをきわめて快適なものにします。

7. component [kəmpóunənt]
名 部品

⊕ part と同様に「部品」を指す。module は複数の部品機能を集めた「部品ユニット」のこと。

The components of the radio are guaranteed against defects for 5 years.
そのラジオの部品は欠陥に対して5年間の保証が付いている。

8. manufacturer [mæ̀njəfǽktʃərər]
名 製造業者；メーカー

⊕ a car manufacturer で「自動車メーカー」。maker と同意。

We are a manufacturer of textiles based in Ho Chi Minh City.
私たちはホーチミンシティに本社を置く織物メーカーです。

[開発・製造・物流] 9 → 16

Track 15

9. vendor [véndər]
名 供給業者；ベンダー

🌐「売り子」の意味だが、ビジネスでは部品・資材などの「供給業者」を指す。supplier とも言う。

All potential suppliers or servicers must go through a background check before being approved as our vendors.
当社の供給業者として認められる前に、サプライヤーやサービサーの候補会社はすべて経歴調査を受けなければなりません。

10. subcontract [sʌ̀bkάntrækt]
他 自 下請け契約する

🌐 sub（下に）+ contract（契約）= subcontract（下請け契約する）。「下請け業者」は subcontractor。

To save costs, the board decided to subcontract parts of its new skyscraper development.
コスト削減のために、役員会は新しい高層ビル建設の一部を下請けに出す決定をした。

11. procure [prəkjúər]
他 調達する

🌐 原材料や部品などを業者から「調達する」という意味。名詞は procurement（調達）。

We procure most of our coal from parts of Russia and China.
我々は石炭のほとんどをロシアと中国の諸地域から調達している。

12. shop floor
作業現場

🌐 a shop-floor worker で「現場作業員」、shop-floor control で「工場現場管理」。

Our engineers can often be found on the shop floor looking over production.
作業現場では生産を監視する我々のエンジニアを頻繁に目にすることができます。

You are here! ▶	288	544	774	1024
	UNIT 6	UNIT 12	UNIT 17	UNIT 22

13 **capacity** [kəpǽsəti]

名 (生産) 能力

🌐 工場の「生産能力」を指す。ホテルなどに使えば「収容人数」。

Estellion Semiconductors has the capacity to increase production quickly.

エステリオン・セミコンダクターズは生産を急速に増やす能力がある。

14 **output** [áutpùt]

名 生産高；産出量

🌐 daily output で「日産」、output adjustment で「生産量調整」。

The economy improved as industrial output rose in the last quarter.

経済が回復して、前四半期に工業生産高は増加した。

15 **quota** [kwóutə]

名 ノルマ；割り当て

🌐 production quota で「生産ノルマ」、import quota で「輸入割当量」。

We are still hoping to meet our production quota for the month.

私たちはまだ、今月の生産ノルマを達成できると考えています。

16 **lead time**

リードタイム；所要時間

🌐 生産現場では「製品の企画立案から完成までにかかる時間」のこと。小売店では「商品発注から納品までの時間」を指す。

What's the lead time necessary to change this logo design?

このロゴデザインを変更するのに必要なリードタイムはどれくらいですか。

[開発・製造・物流] 17 → 24

17 prototype [próutoutàip]
名 試作品

the first prototype で「最初の試作品」、a full-scale prototype で「実物大の試作品」。

This is just a prototype of the mass-produced engine.
これは大量生産されるエンジンの試作品です。

18 specification [spèsəfikéiʃən]
名 仕様；スペック

動詞 specify には「細かく説明する」の意味がある。「仕様」の意味では通例複数。specs と略す。

The specifications for the truck detail its overall design and performance.
そのトラックの仕様は全般的な設計と機能を細かく説明している。

19 inspection [inspékʃən]
名 検品；検査；(工場などの) 視察

「事細かな検査」という意味。tour of inspection なら「(工場などの) 視察・見学」。動詞 inspect は「検査する」。

How did the safety inspection go?
安全検査はどうなりましたか。

20 defective [diféktiv]
形 欠陥のある

defective goods (不良品)。「不良品」は lemon とも呼ぶ。名詞は defect (欠陥)。

Technicians found that some parts in the fax machine were defective.
そのファクス機のいくつかの部品に欠陥があることを、技術者が見つけました。

You are here! ▶	288	544	774	1024
	UNIT 6	UNIT 12	UNIT 17	UNIT 22

21 quality control
品質管理

◉QCと略す。QC circle は「品質改善を担当する小集団」のこと。なお、日本の「カイゼン」は kaizen と英語になっている。

Ralph works in quality control, since he has so much experience finding small flaws.
ラルフは小さな欠陥を見つける経験が豊富なので、品質管理の仕事をしている。

22 modernize [mάdərnàiz]
他 最新式にする

◉modernize facilities で「設備を刷新する」。

The firm is currently modernizing many of its older facilities.
その会社は現在、老朽化した設備の多くを刷新しているところだ。

23 fabless [fǽbles]
形 工場なしの；ファブレスの

◉「自社で工場設備をもたず、生産を外注する」システム。fabless production（工場なしの生産）

We are fabless, focusing only on design and letting vendors do the actual manufacturing.
我々は工場をもっておらず、もっぱら設計に集中して、ベンダーに実際の製造を任せている。

24 shut down
～を閉鎖する；～を停止する

◉工場の操業を「停止する」、支社などを「閉鎖する」場面で使う。1語の shutdown（閉鎖；停止）にすれば、名詞として使える。

The main assembly line was shut down temporarily for repairs.
主要な組み立てラインは修理のために一時的に停止された。

[開発・製造・物流] 25 → 32

Track 15

25 **innovation** [ínəvéiʃən]
名 技術革新；イノベーション

◉ 動詞 innovate は「新規開発する」の意味。形容詞の innovative (革新的な) もよく使う。

Our firm is best known for its innovation in the field of superconductivity.
当社は超伝導の分野の技術革新では最も有名です。

26 **breakthrough** [bréikθrù:]
名 重大な発見；画期的な進歩

◉ break through は「突破する」という意味の動詞句。breakthrough technology (画期的な技術) のように形容詞的にも使える。

The iLiveE is a breakthrough app that serves as a highly realistic virtual companion.
iLiveE は、現実性の高いバーチャル友人の役割をする画期的なアプリです。

27 **state-of-the-art**
形 最先端の；最新鋭の

◉ advanced のしゃれた表現。cutting-edge や leading-edge も同様に使える。

This is a state-of-the-art washing machine that ensures clothes always come out clean.
これは最新鋭の洗濯機で、いつも確実に衣類をきれいに仕上げる。

28 **sophisticated** [səfístikèitid]
形 精巧な；高度な

◉ 機械類に使えば「精巧な；高度な」、人や服に使えば「洗練された」「おしゃれな」。

This is a sophisticated piece of machinery that shapes lenses with high precision.
これは精巧な機械で、高度な正確さでレンズを整形する。

You are here! ▶	288	544	774	1024
	UNIT 6	UNIT 12	UNIT 17	UNIT 22

29 ubiquitous [jubíkwətəs]

形 どこにでもある；
どこからでもアクセスできる

⊕ubiquitous networking（どこでもアクセスできる通信ネットワーク）

Kars Coffee shops are ubiquitous throughout Europe and Australia.

カーズ・コーヒーの店は、ヨーロッパやオーストラリアのどこにでもある。

30 patent [pǽtənt]

名 特許

⊕file a patent で「特許を申請する」。「特許権使用料」は royalty と言う。

The firm was awarded a patent for its revolutionary indoor lighting system.

その会社は革新的な屋内照明システムにより特許を供与された。

31 benchmark [béntʃmàːrk]

他 基準とする
名 評価基準；ベンチマーク

⊕名詞では、他の製品などと比較するための「評価基準」のこと。証券用語では「指標銘柄」を指す。

We try to benchmark Telton Industries to meet their level of quality.

我々はテルトン・インダストリーズを手本にして、彼らの品質の水準を実現しようとしています。

32 craftsmanship [krǽftsmænʃip]

名 匠の技；技能

⊕craftsman は「熟練工」のこと。engineering craftsmanship（エンジニアの職人芸）

Zobe Glass Co. is famous for its fine craftsmanship.

ゾーブ・ガラス社はその精密な匠の技で有名である。

[開発・製造・物流] 33 → 40　　　Track 15

33. finishing touch
最後の仕上げ

⊕〈apply the finishing touch to ～〉で「～に最後の仕上げを施す」。

A protective coat of paint is applied as a finishing touch to our mass-produced tablets.
当社の大量生産されるタブレットには、最後の仕上げとして塗料の保護コーティングが施される。

34. customize [kʌ́stəmàiz]
他 注文に合わせてつくる；カスタマイズする

⊕名詞は customization（カスタマイズ化）。

We can customize your luggage by printing your initials on it.
当社はイニシャルをプリントすることで、お客様の旅行鞄をカスタマイズできます。

35. carbon footprint
二酸化炭素排出量；カーボンフットプリント

⊕carbon dioxide で「二酸化炭素」。footprint は「足跡」が原意。

The new factory is powered by hydroelectric power, which reduces its carbon footprint.
その新工場は水力発電で電力を賄っていて、二酸化炭素排出量を削減している。

36. logistics [loudʒístiks]
名 物流；ロジスティクス

⊕logistics management で「物流管理」、a logistics operator で「物流業者」。軍事で使えば「兵站」の意味。

Mr. Allen is in charge of global logistics at the firm.
アレン氏はその会社の国際物流を担当している。

37

warehouse [wéərhàus]
名 倉庫

⊕ storehouse、stockroom、depot も「倉庫」の意味で使う。

The new warehouse of the firm is heavily automated, with wheeled robots moving goods around.

その会社の倉庫は自動化が進んでいて、車輪の付いたロボットが製品をあちこちに運んでいる。

38

distribute [distríbjət]
他 配送する；流通させる

⊕ distribute worldwide（世界中に流通させる）。名詞は distribution（配送；流通）。

Our firm has a complex network to distribute our products worldwide.

当社は世界中に製品を流通させる複雑なネットワークをもっています。

39

freight [fréit]
名 輸送貨物

⊕ air freight で「航空貨物」、a freight forwarder で「運送会社」。cargo も「貨物」の意味で使う。

Most of the freight in that region moves by either truck or train.

その地域の貨物のほとんどはトラックか列車で運ばれる。

40

tracking number
追跡番号

⊕ 配送中の荷物を追跡する（track）ために割り当てられた数字コード。

Please enter your tracking number in the field below to check the status of your shipment.

下の欄に追跡番号を入力すれば、お客様の配送品の状況を確認できます。

UNIT 16 市場・マーケティング 50語

顧客調査から広告まで——市場分析やマーケティングに必須の単語をまとめて紹介します。

[マーケティングのキーワード]

　市場調査やマーケティングでは、キーワードを覚えておくと会議や書類作成が楽になります。日本語からイメージしやすいものもあります。

　日本語でも「製品ライン」と言いますが、英語ではproduct line です。line は「一連の商品群」を指し、a selling line で「売れ筋」、a new line で「新商品ライン」。「市場調査」は market research や market survey を使います。消費者（consumer）の「反応」は response や feedback と呼びます。「アンケート」は実はフランス語由来で、英語では questionnaire か survey です。

[市場・マーケティング] 1→4

1. customer [kʌ́stəmər]
名 顧客

🌐「商店・会社から物品・サービスを購入する顧客」を指す。「弁護士や医師などの顧客」は client、「ホテル・レストランの顧客」は guest である。

Their main goal is the satisfaction of office supply <u>customers</u>.
彼らの主要な目標は、事務用品の<u>顧客</u>を満足させることだ。

2. consumer [kənsjúːmər]
名 消費者

🌐 consumer confidence で「消費意欲」、consumer durables で「耐久消費財」。consumer price index (CPI) は「消費者物価指数」。

Our research shows that <u>consumers</u> prefer fast and effective service, both online and offline.
私たちの調査によると、<u>消費者</u>はネットでも実店舗でも速く効果的なサービスを好む。

3. trend [trénd]
名 動向；流行；トレンド

🌐 economic trends で「経済動向」、latest trends で「最新の流行」。形容詞は trendy (最新流行の)。

The firm sets new <u>trends</u> in fashion, instead of following them.
その会社はファッションの新しい<u>トレンド</u>を追いかけるのではなく、自らつくる。

4. product line
製品ライン

🌐「一群の系列製品」を指す。expand a product line (製品ラインを拡大する)

This firm will introduce a new <u>product line</u> next month.
この会社は来月、新しい<u>製品ライン</u>を投入する。

[市場・マーケティング] 5 → 12　　Track 16

5 merchandise [mə́:rtʃəndàiz]
名 商品

⊕ 集合名詞として使う。goods が類語。

All of our <u>merchandise</u> has to be stored safely when the mall closes for the night.

モールが夜間に閉まっているとき、我々の<u>商品</u>はすべて安全に保管されなければなりません。

6 flagship [flǽgʃìp]
名 主力品；旗艦

⊕ 海軍の「旗艦」が原意。a flagship store で「旗艦店」、a flagship product で「主力商品」のように形容詞的にもよく使う。

This new mobile phone is our <u>flagship</u>.

この新しい携帯電話は我々の<u>主力製品</u>です。

7 survey
他 [sərvéi] 調査する
名 [´ -] 調査；アンケート

⊕ 名詞も同形で customer satisfaction survey で「顧客満足度調査」。アンケート形式のものは questionnaire とも呼ぶ。

We need to <u>survey</u> our options before making a decision.

我々は決断をする前に、選択肢を<u>調査する</u>必要がある。

8 feedback [fí:dbæ̀k]
名 反応；意見

⊕ positive [negative] feedback（肯定的な[否定的な]反応）。response も同意。

Mr. Chan got a lot of positive <u>feedback</u> on his work.

チャンさんは彼の仕事にたくさんの好意的な<u>反応</u>をもらった。

9. focus group
フォーカスグループ

◉「市場調査のために集められた消費者のグループ」のこと。

Our <u>focus group</u> for the research is young people between the ages of 14 and 20.

その調査に協力する私たちの<u>フォーカスグループ</u>は、14歳から20歳の間の若者です。

10. testimonial [tèstimóuniəl]
名 推薦の言葉

◉製品やサービスに対する「顧客や有名人の好意的な感想」のことで、それを広告に使う。

To prove our service quality, we need more <u>testimonials</u> from satisfied customers.

サービスの質を証明するには、私たちは満足した顧客からの<u>推薦の言葉</u>がもっと必要だ。

11. advertise [ǽdvərtàiz]
他 広告する

◉名詞は advertisement (広告)。

We need to <u>advertise</u> our products more effectively and cheaply.

私たちは当社の製品をもっと効果的かつ安価に<u>広告する</u>必要がある。

12. promote [prəmóut]
他 売り込む；販売促進する

◉promote a new product で「新製品を売り込む」。名詞は promotion (販売促進；プロモーション)。

Jason Reilly shared his idea to <u>promote</u> the sales of organic food.

ジェイソン・ライリーは有機食品の販売を<u>促進する</u>彼のアイデアを話した。

[市場・マーケティング] 13 → 20

Track 16

13. leaflet [líːflət]
名 小冊子；リーフレット

🌐 pamphlet や flyer も同様の意味。

Sales staff handed out product <u>leaflets</u> in front of the store.
販売スタッフは、店の前で製品の<u>リーフレット</u>を配った。

14. pitch [pítʃ]
名 口上；キャッチフレーズ

🌐 sales pitch で「売り込み口上；セールストーク」。

What should be our <u>pitch</u> for our new line of soap?
新しい石けんのシリーズの<u>キャッチフレーズ</u>はどんなものにすべきだろうか。

15. word of mouth
口コミ

🌐 online word of mouth で「ネット上の口コミ」、形容詞として使って word-of-mouth marketing で「口コミマーケティング」。

Alice Carver's new book was popularized mainly through <u>word of mouth</u>.
アリス・カーヴァーの新しい本は、主に<u>口コミ</u>で有名になった。

16. public relations
宣伝活動；PR

🌐 雑誌や新聞に掲載される「宣伝記事」は publicity と呼ばれる。

A new <u>public relations</u> strategy was introduced to improve the firm's image.
会社のイメージを高めるために、新しい<u>PR</u>戦略が導入された。

17 segment [ségmənt]

名 区分；セグメント

🌐 マーケティングでは「市場の区分」の意味で使う。

The firm decided to target the middle-aged segment of the population.

その会社は人口の中年層のセグメントをターゲットにすることを決定した。

18 differentiate [difərénʃièit]

他 差別化する

🌐 differentiate a brand で「ブランドを差別化する」。名詞は differentiation (差別化)。

What differentiates us from similar companies is our ability to quickly put new manufacturing technologies to use.

我が社を似通った会社から差別化するものは、新しい製造技術をすばやく実現する能力だ。

19 luxurious [lʌgʒúəriəs]

形 豪華な；高級な

🌐 a luxurious hotel で「高級ホテル」。名詞形の luxury も形容詞としてよく使う。

This model is one of our most luxurious yachts.

このモデルは当社の最も高級なヨットのうちの1つです。

20 upmarket [ʌ̀pmáːrkət]

形 高所得者向けの

🌐 top-end や high-end も同意。「大衆市場向けの」は downmarket や low-end。

As a luxury vehicle, the Hypho 5000 sports car mainly appeals to upmarket consumers.

ハイフォ5000のスポーツカーは、高級車として高所得者市場に主に訴求する。

[市場・マーケティング] 21 → 28

Track 16

21 sales lead
見込み客

🌐 a sales leads list で「見込み客リスト」。

Nancy White relies on sales leads to close most of her deals.
ナンシー・ホワイトは、ほとんどの取引をまとめるのに見込み客に頼っている。

22 loss leader
客寄せ商品；目玉商品

🌐 客を引き寄せるために「赤字を前提に販売する商品」のこと。

The firm tolerates the low sales of the new audio player because it is a loss leader.
その会社は新しいオーディオプレイヤーが客寄せ商品なので、売上げの低迷にも耐えている。

23 limited-time offer
期間限定奉仕

🌐 offer はディスカウントなどの「奉仕」のこと。

The current discount on our organic foods is a limited-time offer.
今実施している当社の有機食品のディスカウントは、期間限定のご奉仕です。

24 demonstrate [démənstrèit]
他 実演する；デモ販売する

🌐 demonstrate a new product で「新製品の実演をする」。

The food show host demonstrated the coffeemaker on the stage.
そのフードショーのホストは、ステージでコーヒーメーカーを実演した。

25. sponsor [spánsər]

他 広告主になる　名 スポンサー

⊕ sponsor a car race (自動車レースのスポンサーになる)

Two firms have joined to sponsor the marathon.

両社は共同してマラソンのスポンサーになった。

26. exhibit [igzíbət]

他 出品する；展示する　名 展示会

⊕ 見本市などに「出品・展示する」こと。「展示会」には exhibit も exhibition も使える。

Producers of quality Italian wine are invited to exhibit their products in this event.

高級イタリアワインの製造業者はこのイベントにぜひ製品を出品してください。

27. trade show

展示会；見本市

⊕ trade fair とも言う。

The annual furniture trade show will be held on April 20.

その年次の家具見本市は4月20日に開催される。

28. niche [níːʃ]

名 形 すきま市場 (の)

⊕ niche market とも言う。原意は「教会の壁面のくぼんだすき間」で、そこに彫像などを置く。

The store sells mainly niche items, particularly handicrafts and antiques.

その店は、特に手工芸品やアンティーク品など、主にニッチな品目を販売している。

[市場・マーケティング] 29 → 36

29. loyalty card
お客様カード

※ loyalty は、顧客の「愛顧」のこと。

What's the benefit of signing up for a loyalty card here?
この店のお客様カードに登録するとどんな特典があるのですか。

30. gift certificate
商品券

※ certificate は「証明書」のこと。

Gift certificates are ideal for friends and family, and can be purchased at the cash register.
商品券はお友達やご家族に贈るのにぴったりのもので、レジで購入することができます。

31. membership [mémbərʃip]
名 会員；会員資格

※ a membership card で「会員カード」。a loyalty card とも言う。

Only readers with full membership can access this part of the news Web site.
正規会員の読者だけがニュースウェブサイトのこの部分にアクセスできます。

32. unveil [ʌnvéil]
他 発表する；公開する

※ un (ない) ＋ veil (ベール) ＝ unveil (発表する)。新製品を「発表する」場面でよく使う。

The new assembly line was unveiled last week at the factory.
その工場では先週、新しい組み立てラインが公開された。

33. widespread [wáidsprèd]

形 広く行きわたる；普及している

⊕ wide（広い）+ spread（広がった）= widespread（普及している）。a widespread trend（広く行き渡った風潮）

The new marketing campaign of the company met with widespread success.

その会社の新しいマーケティングキャンペーンは幅広い成功をもたらした。

34. dominate [dáminèit]

他 支配する；優位に立つ

⊕ 市場を「支配する」という意味で使う。control を強調する表現。形容詞は dominant（支配的な）。

The high-quality, affordable appliances of that firm dominate the market.

その会社の高品質で手頃な価格の家電製品は市場を支配している。

35. brand recognition

ブランド認知

⊕ recognition は「認識；認知」の意味。promote brand recognition（ブランド認知度を高める）

Our new digital camera quickly earned high brand recognition among consumers.

当社の新しいデジタルカメラはすぐに、消費者の間で高いブランド認知を獲得した。

36. field trial

現場試行；フィールドトライアル

⊕ 新製品を市場に流してみて、売れ行きや顧客の反応を調べること。

In field trials, the hoverboard proved safe.

フィールドトライアルで、そのホバーボードは安全性が実証された。

[市場・マーケティング] 37 → 40

37 viral [váirəl]
形 広がって；ウイルスの

🌐 viral は、virus（ウイルス）の形容詞形で、素早く広がることを表す。viral marketing は「口コミにより商品情報を広めるマーケティング手法」。

The social media video of the cute kitten quickly went viral.
そのかわいい子猫のソーシャルメディア動画は瞬く間に広がった。

38 junk mail
ジャンクメール

🌐 勝手に送られてくる広告メールまたは郵便物。メールの場合は spam や unsolicited e-mail とも言う。

Tom was tired of receiving so much junk mail in his inbox.
トムは受信トレーにたくさんのジャンクメールを受け取ることにうんざりしていた。

39 optimize [áptimàiz]
他 最適化する

🌐 オンラインマーケティングでは、その会社の製品・サービスが「サーチエンジンの上位ランクにくるように調整する」こと。

A new strategy was introduced to optimize our ranking in online search results.
オンライン調査の結果で我々のランクを最適化するために新しい戦略が導入された。

40 life cycle
ライフサイクル；生命周期

🌐 product life cycle で「製品ライフサイクル」。PLC と略す。

The life cycle of our tires starts with manufacturing and ends, about 5-6 years later, in recycling.
当社のタイヤのライフサイクルは製造に始まって、5〜6年後のリサイクルで終わる。

【 もっと知りたい Plus 10 】   41 → 50

マーケティングのキーワード

- □ **buzz** [bʌ́z]　　　名 口コミ
  - buzz marketing で「口コミマーケティング」。buzzword は「キャッチフレーズ」。

- □ **positioning** [pəzíʃəniŋ]　　名 位置づけ；ポジショニング
  - 競合製品の中で自社製品の位置づけをすること。

- □ **demographic** [dèməgrǽfik]　　形 人口統計学の
  - 消費者を人口統計学の手法を用いて分析するときに使う。

- □ **millennial** [miléniəl]　　名 ミレニアル世代
  - 2000年以降に成人した世代。Generation Y (Y世代) は1975〜89年生まれの世代。

- □ **webinar** [wébinɚr]　　名 ウェビナー
  - web + seminar = webinar。ネット上のセミナーや会議のこと。

- □ **endorsement** [indɔ́ːrsmənt]　　名 推奨
  - テレビなどで有名人に商品を推奨・宣伝してもらうこと。

- □ **prime time**　　ゴールデンアワー
  - テレビ視聴率の高い午後8〜11時の時間帯。

- □ **click-through rate**　　クリックスルー率
  - CTRと略す。ウェブ上の広告をユーザーがどれくらいクリックしたかを示す指数。

- □ **category killer**　　カテゴリーキラー
  - 特定分野の商品を低価格で販売する店。同種の商品の売り場を駆逐する。

- □ **long tail**　　ロングテール
  - 販売数を縦軸に、商品を横軸に並べると、あまり売れない商品群が尻尾 (tail) のように伸びることから名づけられた概念。この現象を利用したマーケティング手法も指す。

UNIT 17 販売・顧客サービス 50語

顧客対応から返品・保証まで——販売現場で必要な基本表現をまとめて紹介します。オンラインショッピング関連語もあります。

[販売のキーワード]

　販売関連の言葉にはカタカナと異なるものがいくつかあります。

　日本語の「アウトレット」はメーカーの格安直販店を指しますが、英語の outlet は単に「小売店」という意味で使います。retail outlet とも言います。「デパート」は department store で、store を必ず付けます。depart は「出発する」という動詞、department は「部門」の意味です。販売キャンペーンの1つに「キャッシュバック」がありますが、英語では rebate が一般的です。また、顧客からの「クレーム」は complaint と言います。claim では「要求；要求する」という違った意味になってしまいます。

[販売・顧客サービス] 1→4

Track 17

1. retail [ríːtèil]
形 小売りの 名 小売り

a retail price (小売価格)。「卸売りの」は wholesale。なお、銀行業では retail は「個人顧客向けの」、wholesale は「法人顧客向けの」という意味。

Our firm was rated as having the best retail prices in Europe.
当社はヨーロッパで小売価格が最安だと評価された。

2. outlet [áutlèt]
名 小売店

a retail outlet とも言う。outlet は「出口」が原意で、「コンセント」や「排水口」などの意味もある。

Our outlet has a wide selection of leather jackets.
当店はレザージャケットを幅広く取りそろえております。

3. department store
デパート；百貨店

「デパート」の意味では必ず store が必要。

Most department stores open at 9:00 A.M. in this city.
この市ではほとんどのデパートは午前9時に開店します。

4. white goods
白物家電

冷蔵庫や洗濯機のこと。「家電」は electric appliances とも言う。

We sell white goods, including refrigerators, washing machines, and dryers.
私どもは、冷蔵庫や洗濯機、乾燥機などの白物家電を販売しております。

[販売・顧客サービス] 5 → 12

Track 17

5. browse [bráuz]
他 見て回る

🌐 ネットで「ブラウズする」という意味もあるが、原意は店内などを「ぶらぶらと見て回る」こと。

Our customers are encouraged to browse our wide selection.
お客様は当店の幅広いセレクションをぜひよくご覧ください。

6. sales clerk
販売員；店員

🌐 store clerk とも言う。clerk は「定型的な仕事をする人」の意味で、office clerk で「事務員」、hotel clerk で「フロント係」。

Several sales clerks have been hired for the holiday season.
休暇シーズンのために、数人の販売員が雇用されている。

7. brand-new
形 新品の；真新しい

🌐 new を強調した表現。a brand-new car (新車)

This is a brand-new tablet, with an enhanced camera and other extra features.
これは新しいタブレットで、カメラが強化され、他の機能も追加されています。

8. fast-moving
形 売れ行きのいい

🌐 日本語でもよく売れることを「動きの速い」というが、それに相当する表現。

This new digital camera is one of the most fast-moving items here.
この新しいデジタルカメラは当店で最も売れ行きのいい製品の1つです。

9. out of stock
在庫切れで

🌐 in stock で「在庫がある」。

At present, we are out of stock on that tool.
現在、当店ではその工具の在庫はございません。

10. back order
入荷待ち；取り寄せ注文

🌐「在庫が切れて入荷待ちの状態」を指す。動詞句で使えば「取り寄せ注文する」。

Sorry, that new video game is still on back order.
すみませんが、その新作のビデオゲームはまだ入荷待ちです。

11. savings [séiviŋz]
名 ディスカウント；節約

🌐「貯蓄」の意味だが、広告などでは discount の意味で使う。

This store offers special savings on summer footwear for men and women this season.
この店では、今シーズンの男女の夏物フットウェアに特別なディスカウントを実施しています。

12. rebate [ríːbeit]
名 キャッシュバック；割引金

🌐 キャンペーンなどによる「キャッシュバック」を指す。日本語の「リベート」に当たる言葉は kickback（袖の下）である。

Customers are offered large rebates at that dealership.
その販売代理店を使えば、顧客は多額のキャッシュバックを受けられる。

[販売・顧客サービス] 13 → 20

Track 17

13. **expiration date**
有効期限

⊕ expire は「有効期限が切れる」で、その名詞を使った expiration date は「有効期限（の失効日）」の意味。クレジットカードなどに使う。

Please enter the expiration date of your credit card on the line below.
この下の行に、お客様のクレジットカードの有効期限を入力してください。

14. **accept** [əksépt]
他 （カードを）受け付ける

⊕ クレジットカードなどが「利用できる」という意味。

We accept all major credit cards.
私どもは主要なクレジットカードはどれも受け付けています。

15. **installment payment**
分割払い

⊕ installment は「分割払いの1回分」。by installments で「分割払いで」の意味。「一括払い」は one lump-sum payment と言う。

I'd rather pay for this in installment payments.
これは分割払いにしたいです。

16. **receipt** [rɪsíːt]
名 領収書；レシート

⊕ issue a receipt で「領収書を発行する」、attach a receipt で「領収書を添付する」。

Please keep your receipt as a proof of purchase.
領収書は購入の証明として保管しておいてください。

17

warranty [wɔ́:rənti]
名 保証（書）

⊕ guarantee も同意で使える。under warranty [guarantee] で「保証期間中で」。

There is a 6-year warranty on this lamp.
この照明には6年間の保証が付きます。

18

flaw [flɔ́:]
名 欠陥；不備

⊕ defect や imperfection も同様の意味で使える。

Thousands of TVs with safety flaws were withdrawn from the market.
安全上の欠陥がある何千台ものテレビが市場から回収された。

19

wear and tear
劣化；消耗

⊕ wear は「消耗」、tear は「裂けること」という意味がある。ordinary wear and tear で「通常使用による劣化」。

This movie player isn't guaranteed against ordinary wear and tear.
この動画プレイヤーは通常の劣化に対しては保証されません。

20

misuse
他 [mìsjú:z] 誤用する
名 [mìsjú:s] 誤用

⊕ lost, stolen or misuse of cards で「カードの紛失、盗難または誤用」。misuse には「乱用」の意味もあり、misuse of power で「権力の乱用」。

Our warranty policy does not apply to misused items.
当社の保証は誤用された製品には適用されません。

[販売・顧客サービス] 21 → 28

Track 17

21 **checkout** [tʃékaut]
名 支払い；チェックアウト

🌐 店やホテルでの「支払い」のこと。「レジカウンター」を指すこともある。check out で「支払いをする；チェックアウトする」という意味の動詞句。

Please note that no tracking no. will be sent if free shipping was chosen in <u>checkout</u>.
お支払いの際に無料配送を選択された場合は、追跡番号が送られませんのでご注意ください。

22 **refund**
他 [rifʌ́nd | ´--] 返金する
名 [ríːfʌnd] 返金

🌐 reimburse も同意。商品の返品 (return) を受けたときなどの対応で使う。

We were <u>refunded</u> in full for the broken washer.
洗濯機が壊れていたので、私たちは全額返金してもらった。

23 **exchange** [ikstʃéindʒ]
他 交換する　名 交換

🌐「交換する」には replace、「交換」には replacement も使える。

I want to <u>exchange</u> this shirt for a larger one.
このシャツをサイズの大きなものに交換したいのですが。

24 **compensate for**
～を補償する

🌐 make up for も同意で使える。compensation は「補償」のほか、「報酬」の意味もある。

I'm terribly sorry. We'll <u>compensate for</u> that with a refund.
誠に申し訳ありません。それには返金で補償いたします。

25 recall

他 [rikɔ́ːl] 回収する；リコールする
名 [ríːkɔːl] リコール

> 市場に出ている「不良品を回収する」こと。recall には「思い出す」の意味もある。

All unsafe toys were quickly recalled from the shelves.
安全性に問題のあるおもちゃはすべて店頭からすみやかに回収された。

26 call center

コールセンター

> 注文を受けたり、クレームを処理したりする電話受け付け窓口。

This call center provides customer support for five companies.
このコールセンターは5つの会社に顧客サポートを行っている。

27 toll-free number

無料電話番号

> toll は「料金」の意味。toll-free dial とも言う。

Call our toll-free number to get details on our apartment rentals.
当マンションの賃貸の詳細につきましては、私どもの無料電話にご連絡ください。

28 customer service representative

顧客サービス担当者

> representative には「担当者」の意味がある。sales representative は「販売担当者」。

A customer service representative will contact you within 24 hours, if you leave your phone number and e-mail.
お客様の電話番号とメールを残してくださればき、24時間以内に顧客サービス担当者がご連絡いたします。

[販売・顧客サービス] 29 → 36

29 **patronage** [péitrənidʒ]
名 愛顧；引き立て

⊕ 顧客に感謝する場面でよく使う。

We rely on the patronage of tens of thousands of visitors.
私どもは何万という訪問客のご愛顧に支えられています。

30 **patience** [péiʃəns]
名 忍耐；寛容

⊕ 顧客に待ってもらう場面などで使う。

Thank you for your patience and waiting.
ご寛容をもってお待ちいただきましてありがとうございます。

31 **complaint** [kəmpléint]
名 クレーム

⊕ make a complaint で「クレームをつける」。なお、英語の claim は「要請」で、クレームの意味はない。

This company investigates all customer complaints in a timely manner.
この会社は顧客のすべてのクレームを素早く調べる。

32 **inquiry** [ínkwəri | inkwáiəri]
名 問い合わせ

⊕ make inquiries か動詞 inquire で「問い合わせる」。question や query が類語。

Our help desk answers hundreds of inquiries every day.
私たちのヘルプデスクは毎日、何百もの問い合わせに答えています。

33. place an order
注文する

🌐 place との組み合わせに注意。〈order from A〉で「Aに注文する」。

S We placed an order for paint through their Web site.
私たちはネットでペンキを注文しました。

34. order status
注文状況

🌐 status は「状況」の意味。shipping status なら「出荷状況」。

W You can check the order status of your purchase by clicking on this link.
このリンクをクリックしていただければ、お客様の購入品の注文状況を確認できます。

35. billing address
請求先住所

🌐「配送先住所」は shipping address や delivery address と言う。

S Is your billing address the same as your home address?
お客様の請求先住所は自宅住所と同じですか。

36. shipping and handling charges
発送取扱手数料

🌐 charges の代わりに costs を使うことも。handle は「取り扱う」。

W Shipping and handling charges are included in this price.
発送取扱手数料はこの値段に含まれています。

[販売・顧客サービス] 37 → 40

Track 17

37 bulk [bʌ́lk]
名 大口；大量　形 大口の

🌐 in bulk で「大口で；大量に」、bulk order で「大口注文」。

This large grocery outlet carries most of its products in bulk.

この大型雑貨店は、ほとんどの製品を大口で販売している。

38 bid [bíd]
名 入札；つけ値　他 入札する

🌐 オークション (auction) などで「値を入れる」こと。make a bid で「入札する」。

She made an online bid of €200 for the ring.

彼女はその指輪に200ユーロのオンライン入札をした。

39 mail order
通信販売；メールオーダー

🌐 「ネットショッピング」は online shopping と言う。

Selling used items by mail order is becoming increasingly popular.

通信販売で中古品を売ることはますます人気になっている。

40 bargain hunter
特売品を狙う買い物客

🌐 株の世界では「格安株を狙う投資家」を指す。

Falling wages have turned many people into bargain hunters.

給与が下がっているために、多くの人々が特売品目当てになった。

【 もっと知りたい Plus 10 】 41 → 50

販売のキーワード

- **hot item** 　　　　　　　人気商品
  - hot は「人気のある」。hip や cool も似た意味で使える。

- **feature** [fíːtʃər] 　　　　**名** 機能；特徴

- **novelty** [nάvəlti] 　　　**名** 新製品；販促品
  - 日本でノベルティと言えば、安価な「販促グッズ」のことだが、英語の novelty は「新製品」の意味でも使う。

- **ingredient** [ingríːdiənt] 　**名** 材料；成分

- **store credit** 　　　　　ストアクレジット
  - その店のみで使える金券。返品の際などに使われる。

- **saturation** [sæ̀tʃəréiʃən] 　**名** 飽和状態
  - 供給過剰で商品があふれている状態。

- **signage** [sáinidʒ] 　　　**名** 宣伝用の看板；サイネージ
  - 最近では、液晶スクリーンを利用したデジタルサイネージも多い。

- **holiday gift** 　　　　　クリスマスプレゼント
  - クリスマスの「休暇シーズン」を holiday seasons、「クリスマスのショッピング」を holiday shopping と呼ぶ。

- **shopping spree** 　　　　爆買い；買い物熱

- **brick and click** 　　　　実店舗とネット
  - click and mortar (ネットと実店舗) という言い方もある。

UNIT 18 マネー・投資 50語

預金・ローンから株式まで——銀行や金融機関でよく使う表現を集めました。経済ニュースでおなじみの単語もあります。

[マネー・銀行のキーワード]

お金に関する表現でまず注意したいのは、balance でしょう。「残高」「差額」を表し、bank balance で「銀行残高」、balance due で「支払い予定額」です。「普通預金口座」は savings account、「当座預金口座」は checking account と呼びます。口座にお金を「預ける」は deposit、口座からお金を「引き出す」は withdraw です。「送金する」は transfer か remit と言います。また、銀行取引で使う「暗証番号」は PIN または PIN number で、PIN は personal identification number の略記です。

融資を受ける (take out a loan) 際の「元本」は principal、「金利」は interest rates または単に interests と言います。

windfall profits

[マネー・投資] 1→4

Track 18

1. deposit [dipázət]
他 預金する　名 預金

● time deposit で「定期預金」。名詞では「手付金」「保証金」の意味でも使う。

You must <u>deposit</u> funds before 5:00 P.M. to have them credited to your account on the same day.

その日のうちに口座に入金するには、午後5時までに預金をしていただかなければなりません。

2. withdraw [wiðdrɔ́ː]
他 (預金を) 引き出す；下ろす

● 名詞は withdrawal (引き出し)。

Customers can <u>withdraw</u> up to $400 per day from ATM machines.

お客様はATM機から1日400ドルまで引き出すことができます。

3. balance [bǽləns]
名 残高

● balance due で「支払い予定額」。

We should make a deposit into our account, because our <u>balance</u> is so low.

残高がとても少なくなっているので、私たちの口座に預金をしたほうがいいね。

4. checking account
当座預金口座

●「普通預金口座」は savings account。open an account で「口座を開く」。

Customers must provide a national ID number and photo ID to open a <u>checking account</u> at our bank.

当行に当座預金口座を開設するには、お客様には国民ID番号と写真付き身分証明書を提示していただかなければなりません。

UNIT 18

[マネー・投資] 5→12　　Track 18

5 bank statement
銀行取引明細

🌐 statement は「明細書」の意味。

You can download the bank statement from this Web page.
お客様はこのウェブページから銀行取引明細をダウンロードできます。

6 passbook [pǽsbùk]
名 預金通帳

🌐 update a passbook で「通帳に記帳する」。

I use a passbook to keep track of your bank balances.
そちらの銀行の残高を確認するのに、私は預金通帳を使っています。

7 currency [kə́:rənsi]
名 通貨

🌐 hard currencies は交換可能な「国際決済通貨」のこと。foreign currencies なら「外貨」。

Our firm mainly deals in hard currencies, such as yen, dollars, and euros.
当社は主に、円やドル、ユーロなどの国際決済通貨で取引しています。

8 bill [bíl]
名 紙幣

🌐「紙幣」には banknote や note も使う。「硬貨」は coin、「小銭」は change。

I'd like to be paid in small bills, please.
少額紙幣で支払っていただけますか。

9. PIN
暗証番号

◉personal identification number の略。キャッシュカードなどの「暗証番号」のこと。PIN number とも言う。

Please enter your PIN on the pad below to access your account.
お客様の口座にアクセスするには、下のパッド上で暗証番号を入力してください。

10. valid [vǽlid]
形 有効な

◉「無効な」は invalid や void を使う。

This card is valid through the date marked on the bottom.
このカードは一番下に表記された期間にわたって有効です。

11. wire transfer
電信送金

◉海外送金の方法。telegraphic transfer (TT) とも言う。

International routing numbers and bank accounts are necessary for all wire transfers.
すべての電信送金には、国際ルーティング番号と銀行口座が必要です。

12. teller [télər]
名 銀行窓口係

◉米国の言い方で、bank teller とも言う。英国では cashier。ATM は automatic teller machine の略語。なお、英国で ATM は cashpoint。

The bank makes sure that at least 4 tellers are always on duty during business hours.
その銀行では営業時間中は、4人以上の窓口係がいつも対応するようにしている。

[マネー・投資] 13 → 20

Track 18

13. take out a loan
融資を受ける

⊕ get a loan も同様に使える。

S: What are the requirements to take out a loan here?
ここで融資を受けるための要件はどんなものですか。

14. interest rate
金利；利子

⊕ interest 単独でも同意で使える。fixed-rate interest で「固定金利」。

S: What is your current interest rate on small business loans?
中小企業向けローンの現在の金利はどれくらいですか。

15. principal [prínsəpəl]
名 元本

⊕ 融資の「本体部分の金額」。

W: Interest of 2.3% yearly will accrue on your loan principal.
お客様のローンの元本には年間2.3%の金利が加わります。

16. credit line
与信枠；貸出限度額

⊕ credit limit とも言う。

W: The firm applied for a credit line of $70 million.
その会社は7千万ドルの与信枠を申請した。

17 repayment [ripéimənt]
名 返済

🌐「融資を返済する」は repay [pay off] a loan。

Repayment period of this loan is 5 years, unless an extension is approved.

このローンの返済期間は、延長が認められないかぎり5年です。

18 default [difɔ́:lt]
名 債務不履行;デフォルト
自他 債務を履行しない

🌐 債務支払いの「繰り延べ」は rescheduling (リスケジューリング) と言う。日本語では「リスケ」とも。

This loan will be in default after two consecutive missed payments.

このローンは、2回連続して返済できないと、債務不履行とされます。

19 bail out
〜に資金注入する

🌐 経営難の企業に資金供給して救済すること。名詞は bailout (資金注入)。

The troubled chemical manufacturer was bailed out by the provincial government.

その業績不振の化学品メーカーは、地方政府から資金支援を受けた。

20 broker [bróukər]
名 ブローカー;証券会社

🌐 個人の「株式ブローカー」のほか、「証券会社」の意味でも使える。stockbroker とも言う。

As a broker, Richard Lee sells stocks, bonds, and other financial instruments.

リチャード・リーはブローカーとして、株式、債券や他の金融商品を販売している。

[マネー・投資] 21 → 28

Track 18

21. stock exchange
証券取引所

「東京証券取引所」は Tokyo Stock Exchange (TSE)。フランスなどヨーロッパの取引所は bourse と呼ばれる。

Is your firm listed on any stock exchanges?
御社は証券取引所に上場していますか。

22. equities [ékwətiz]
名 株式

equity は「財産の純価値」の意味があるが、複数で「株式」の意味でよく使う。equity financing (エクイティファイナンス) は「新株を発行して資金調達すること」。

Mr. Sanchez invested heavily in equities, especially Telecom stocks.
サンチェスさんは株式に、とりわけ通信株に重点的に投資した。

23. blue chips
ブルーチップ；優良株

ギャンブルで使うチップの高額のものが青い色だったことから。

I'm investing in blue chips, because I prefer stocks of large, safe firms.
私は大手で安全な会社の株が好きなので、ブルーチップに投資しています。

24. dividend [dívidènd]
名 配当

株主に支払われる利益配分のこと。an interim dividend (中間配当)

The firm will pay dividends of $0.97 per share on Tuesday.
その会社は火曜日に、1株0.97ドルの配当を実施する。

25. investor relations
投資家向け広報

● IR と略す。企業が投資家に向けて、業績や財務内容などを公開して自社への投資を呼びかける広報活動。

Please refer to the investor relations department with any service inquiries.
サービスについてのお問い合わせは、投資家向け広報部にご相談ください。

26. emerging market
新興市場

● 動詞 emerge は「新たに隆盛する」の意味。「イマージングマーケット」とカタカナでも使われている。

The firm focuses mainly on funds in emerging markets, such as those in Southeast Asia and Africa.
その会社は、東南アジアやアフリカなどの新興市場のファンドに主に焦点を当てている。

27. bull [búl]
形 強気筋の；上げている

● 市場が活発な「上げ相場」を形容する。逆の bear (弱気筋の) は「下げ相場」を表す。

Stocks are in a bull market, with 6 straight quarters of high growth.
株式は上げ相場で、6四半期連続で高い伸びを示した。

28. rally [ræli]
自 (株価が) 反発する；持ち直す
名 反発；持ち直し

● 名詞で「反発」は他に recovery、rebound などを使う。「急騰」は soar、surge を、「急落」は plummet、nosedive、crash などを使う。

Stocks rallied later in the day, after nearly collapsing in early morning trading.
株価は早い午前の取引では危うく暴落しそうだったが、午後の取引では反発した。

[マネー・投資] 29 → 36

Track 18

29 volatile [vάlətàil]
形 変動が激しい

🌐 株式などの市場の上下動が激しいこと。名詞は volatility (ボラティリティ)。

The stock market has been volatile over the past few days, with prices rising and falling wildly.
株式市場は過去数日にわたって混乱気味で、株価の上下動が激しい。

30 liquidity [likwídəti]
名 取引量が多いこと；流動性

🌐 株式市場などの「取引量が多いこと」。また、「市場に流通しているお金の総額」も指す。

That stock exchange lacks liquidity, since it is a little hard to buy and sell large numbers of stocks.
その株式市場は株式の大量の売買が少し難しくなっていて、流動性を欠いている。

31 startup [stá:rtʌ̀p]
名 新興企業　形 新興の

🌐 「新たに誕生した会社」のこと。start-up company とも言う。株式時価総額が10億ドルを超えた新興企業を unicorn (一角獣) と呼ぶ。

This startup has been involved in developing innovative new apps.
この新興企業は、画期的な新アプリの開発に注力してきた。

32 dotcom [dὰtkάm]
名 インターネット関連企業
形 インターネット関連の

🌐 dotcom bubble (ドットコムバブル) は、1990年代の終わりに米国で起こったネット・IT企業の成長が引き起こした経済的熱狂。

Jenna works at a dotcom that focuses on delivering groceries to homes.
ジェナは、食料品の家庭配送が専業のインターネット関連企業で働いている。

33

corporate bond
社債

🌐 bond は「債券」の意味。「国債」は government bond。

W He buys and sells corporate bonds, since they are fairly safe debt instruments to trade.
彼が社債の売買をしているのは、それらが取引するのに比較的安全な債券商品だからだ。

34

mutual fund
投資信託

🌐 さまざまな株式・債券などを組み込んで1つにした投資商品。英国では unit trust と呼ぶ。

S Mainly junk bonds and small-cap stocks are in your mutual fund.
お客様の投資信託には、主にジャンクボンドと小型株が組み込まれています。

35

futures [fjúːtʃərz]
名 先物（商品）

🌐 あらかじめ決められた日に決められた価格で商品を売買する取引。commodity futures で「商品先物」。

W We advise on futures here, using advanced models that project stock price movements.
当社では、株価の動きを予測する先進的なモデルを使って、先物商品について助言をしています。

36

short position
空売り；売り持ち；ショート

🌐 先物取引で空売りをしている状態のこと。逆の「買い持ち；ロング」は long position。

S I took a short position on those stocks, because I'm confident that their prices will fall and I'll profit.
私はそれら株式の空売りをした。それらの株価が下がって、利益を得られると自信を持っているからだ。

[マネー・投資] 37 → 40

37 **portfolio** [pɔ̀ːrtfóuliou]
名 ポートフォリオ

🌐 投資している有価証券の組み合わせ。元は「絵画や書類を入れる大きな薄型のかばん」のこと。

She advised me to add utilities to my stock portfolio.
彼女は私に、ポートフォリオに公益事業を追加するようにアドバイスした。

38 **foreign exchange**
外国為替取引

🌐 FX と略す。通貨が（他の通貨に対して）「上がる」ことは appreciate、「下がる」ことは depreciate と言う。

The dollar fell rapidly against the pound in foreign exchange markets today.
今日、外国為替市場で、ドルはポンドに対して急速に値を下げた。

39 **windfall** [wíndfɔ̀ːl]
名 思いがけない利益；棚ぼた

🌐 「風により木から落ちた果物」から。windfall profits とも言う。

If property prices continue to rise, the original investors expect windfall profits.
もし不動産価格が上がり続けるなら、当初の投資家は棚ぼたの利益を期待できる。

40 **recipient** [risípiənt]
名 受取人

🌐 配当や保険金などの「受取人」を指す。「受賞者」や「臓器被移植者」も表せる。

On her taxes, she declared herself the recipient of a $15,000 gift.
彼女は納税で、1万5000ドルの贈与の受取人であることを自己申告した。

[もっと知りたい Plus 10] 41 → 50

金融キーワード

- **auditor** [ɔ́ːditər] 　名 会計検査官；監査役
  - 動詞は audit（監査する）。

- **actuary** [ǽktʃuèri] 　名 保険数理士；アクチュアリー
  - 保険のリスク計算をする職業。

- **maturity** [mətʃúrəti] 　名 （保険の）満期

- **annual report** 　年次報告書
  - 企業の決算情報を盛り込んだ年次の事業報告書のこと。

- **yield** [jíːld] 　名 （債券などの）利回り

- **redeem** [ridíːm] 　他 （債券を）償還する

- **basis point** 　ベーシスポイント
  - 1% の 100 分の 1。債券利回りの表示などに使う。

- **prospectus** [prəspéktəs] 　名 （投資信託の）目論見書

- **FinTech** [fíntèk] 　名 フィンテック
  - finance + technology の造語。情報技術を金融分野に応用すること、またはそうした事業を行う企業。

- **window dressing** 　粉飾決算

UNIT 19 不動産・建設 50語

不動産と建設の基本表現を中心にしたセレクションです。どの部門で働く人も知っておくべき単語がたくさんあります。

【 不動産のキーワード 】

　日本語ではマンションとアパートを建物の構造で区分しますが、英語ではどちらも apartment です（英国では flat）。英語で mansion は富豪などが住む戸建ての「大邸宅」の意味で使います。「分譲マンション」は condominium です。また、戸建てが連なった「連棟住宅」は terrace house や town house と呼ばれます。

　「住宅ローン」は housing loan とも言いますが、mortgage loan または mortgage もよく使います。mortgage はもともと「担保」の意味で、物件そのものがローンの担保になるためです。ローンを組む際に最初に支払う「頭金」は down payment と呼びます。

[不動産・建設] 1 → 4

1. real estate
不動産

realty も同意。real estate agent で「不動産業者」。

The firm manages commercial real estate, including malls and office buildings.

その会社は、モールやオフィスビルを含む商用不動産を管理している。

2. property [prápərti]
名 不動産；物件

本来は「資産」の意味で、資産としての「不動産」を表すことができる。private property で「私有地」。

This property is currently listed for sale at above-market rates.

この物件は現在、市場価格以上で売りに出されている。

3. apartment [əpá:rtmənt]
名 マンション；アパート

一般に「集合住宅」に使う。英国では flat と言う。

She recently signed a 1-year lease for an apartment in the downtown area.

彼女は最近、ダウンタウンのマンションを1年間賃貸する契約を交わした。

4. condominium [kàndəmíniəm]
名 分譲マンション

戸別に販売されるマンション。condo と略すことも。

This condominium charges residents $200 a month in fees, for maintenance purposes.

この分譲マンションは、保守管理費として住民に月額200ドルの費用を請求する。

[不動産・建設] 5 → 12

Track 19

5 high rise
高層ビル

🌐 a high-rise hotel で「高層ホテル」。skyscraper は「超高層ビル」。

Our company owns several high rises in Manhattan.
当社はマンハッタンに数棟の高層ビルを所有しています。

6 tour [túər]
他 内覧する　名 内覧

🌐 マンションの購入・賃貸の際の下見のこと。virtual tour で「インターネット内覧」。

I'd like to tour the home before I consider buying it.
購入を考える前に、その家を内覧したいです。

7 rent [rént]
他 賃借する　名 家賃

🌐 名詞で「家賃」を表す。米国ではレンタカーなど短期で借りるものの「賃借料」に使う。For Rent で「(この部屋) 貸します」という掲示。

I rent a small studio on the west side of town.
私は町の西部に小さなワンルームマンションを借りています。

8 move [múːv]
自 引っ越す；移転する

🌐 relocate も同意で使う。「引っ越し」は move、moving、relocation などと言う。

She will move next week to a larger home.
彼女は来週、もっと広い家に引っ越す。

9. residential [rèzidénʃəl]
形 居住(用)の

🌐 a residential area で「住宅地」。resident は「居住者」、residence は「住宅」。

This part of town is zoned only for residential properties.
町のこの区域は居住物件のみの使用に指定されている。

10. commercial [kəmə́:rʃəl]
形 商業用の

🌐 commercial property で「商用不動産」、a commercial building で「商業ビル」。

This land is available for commercial use, so a shopping mall can certainly be built on it.
この土地は商業用に使えるので、そこにショッピングモールを建設できる。

11. floor plan
間取り図

🌐 floor directory はショッピングモールなどの「フロア案内」。

People interested in renting at our apartment complex can see the floor plans online.
当マンションビルで賃貸を希望される方は、ネットで間取り図を確認できます。

12. description [diskrípʃən]
名 詳細情報

🌐 価格、所在地、間取り、専有面積、築年数などの物件の細かい情報のこと。複数で使う。

You can find descriptions of our apartments in this brochure.
このパンフレットで私どものマンションの詳細情報をごらんいただけます。

[不動産・建設] 13 → 20　　Track 19

13 suburb [sʌ́bəːrb]
名 郊外

⊕ 形容詞は suburban（郊外の）。「都心」には city center や downtown を使う。

We offer cheaper and bigger homes in the Baltimore suburbs.
私どもは、ボルティモア郊外で安価で広い一戸建て住宅を提供しています。

14 urban [ə́ːrbən]
形 都会の；都市の

⊕ urban life で「都市生活」、urban area で「都市部」。反意語は rural（田舎の；田園の）。

Renters tired of long suburban commutes should look into our urban apartments.
郊外からの長時間の通勤に疲れている賃借人の方は、当社の都市部のマンションをご検討ください。

15 subdivision [sʌ́bdivìʒən]
名 (区分) 分譲地

⊕ 区画分けされて分譲に出される土地のこと。

I live in Greenhills, a subdivision of Metro Manila.
私はメトロマニラの分譲地、グリーンヒルズに住んでいます。

16 location [loukéiʃən]
名 所在地；立地

⊕ location and access で「所在地と行き方」、a convenient location で「便利な立地」。

The building is in a prime location in the center of the business district.
そのビルは、ビジネス街中心の第一級の立地です。

17 tenant [ténənt]
名 賃借人；テナント

🌐 occupant が類語。tenant's rent で「テナントの賃貸料」。

All business <u>tenants</u> of this building must comply with safety codes.
このビルの全法人<u>テナント</u>は安全規則を守らなければならない。

18 landlord [lǽndlɔ̀:rd]
名 大家；地主

🌐 property owner とも言う。

She's a <u>landlord</u> who owns several buildings across the state.
彼女はその州のあちこちに数棟のビルを所有する<u>大家</u>である。

19 utility [ju:tíləti]
名 公共料金；公益事業

🌐 通例、複数。水道光熱費などの「公共料金」の意味で使う。public utilities (公益事業) の意味もある。

<u>Utilities</u> for this apartment, including water and power, average about $170 monthly.
水道や電気を含むこのアパートの<u>公共料金</u>は月額およそ170ドル平均です。

20 dues [djú:z]
名 料金；諸経費

🌐 管理組合費 (HOA dues) などを指す。HOA (Homeowners Association) は「管理組合」のこと。

As a gated community, residents must pay monthly <u>dues</u> to maintain it.
ゲートコミュニティの一員として、住民はその維持のために月単位の<u>経費</u>を支払わなければならない。

[不動産・建設] 21 → 28 Track 19

21 **landscape** [lǽndskèip]
- 他 景観設計する；造園する
- 名 風景

◉ 名詞では「風景」だが、動詞としては「土地を美しくする」→「景観設計する」の意味で使う。landscaping で「景観設計；造園」。

The rear garden of our hotel has been tastefully landscaped in a natural setting.

当ホテルの裏庭は、自然の設定を生かして、いい雰囲気で景観設計されています。

22 **furnished** [fə́ːrniʃt]
- 形 家具付きの

◉ 動詞 furnish（家具を備え付ける）の過去分詞。

This apartment is fully furnished with tables, couches, and beds.

このアパートは、テーブルやソファ、ベッドなどの家具がすべて備え付けになっています。

23 **fixture** [fíkstʃər]
- 名 (家屋などの) 固定設備

◉ 動詞 fix（固定する）の名詞形で、「取り付けられた設備」のこと。lighting fixtures で「照明設備」、kitchen fixtures で「台所設備」。

Stoves, washing machines and other appliances can be connected to the existing fixtures of the home.

レンジや洗濯機などの家電製品は、この家の既存の固定設備とつなぐことができます。

24 **install** [instɔ́ːl]
- 他 設置する；取り付ける

◉ エアコンなどの設備を「取り付ける」という意味。put や locate も使える。

They plan to install a swimming pool in the backyard.

彼らは裏庭にスイミングプールを設置する計画をしている。

25. renovate [rénəvèit]

他 改修する；リフォームする

⊕ 名詞は renovation (改装)。「リフォームする」は renovate や refurbish を使う。英語の reform は「(制度・システムなどを)改良する」という意味で、改装には使わない。

We'll renovate the top three floors of the building, giving the interiors a much newer look.

我々はこのビルの一番上の3フロアを改修して、内装をもっと新しく見えるものにします。

26. construct [kənstrʌ́kt]

他 建設する

⊕ 名詞は construction (建設)。

The firm is constructing a theater not far from the city hall.

その会社は市役所のほど近くに劇場を建設している。

27. mortgage [mɔ́ːrɡidʒ]

名 住宅ローン

⊕ 「担保」が原意で、「建物・部屋を担保にして借り入れるローン」のこと。home loan とも言う。

She pays about $1,400 monthly on a $372,000 home mortgage.

彼女は37万2千ドルの家の住宅ローンに毎月1400ドルを払っている。

28. down payment

頭金

⊕ 分割払いの際の「頭金」の意味。「手付け金」は earnest money と言う。

To secure a lease, applicants must pay a security deposit, as well as a $3,000 down payment.

賃貸契約を結ぶには、申請者は3千ドルの頭金とともに、保証金を支払わなければなりません。

[不動産・建設] 29 → 36

29. collateral [kəlǽtərəl]
名 担保

⊕ 不動産に限らず「担保」の意味で使う。collateral for the loan で「ローンの担保」。

Their home serves as collateral for the small business loan.
彼らの家は中小企業向けローンのための担保になっている。

30. general contractor
ゼネコン

⊕ 文字通りには「総合建設請負業者」。

As a general contractor, we provide clients with a full spectrum of residential and commercial building services.
当社はゼネコンとして、お客様に、居住用および商業用建設サービスのすべてをご提供いたします。

31. civil engineering
土木 (業界)

⊕ civil は「(軍事・教会ではなく) 市民に関する」の意味。civil engineer で「土木技師」。

She works in civil engineering, working on projects from bridges to tunnels.
彼女は土木業界で働いていて、橋梁からトンネルまでのプロジェクトに携わる。

32. groundbreaking [gráundbrèikiŋ]
名 起工式；鍬入れ式　形 起工の

⊕「竣工式」は completion ceremony などと言う。

The groundbreaking for the train station construction takes place on August 12.
その鉄道駅建設の起工式は8月12日に行われる。

33 architecture [άːrkətèktʃər]

名 建築

🌐 modern architecture で「現代建築」。「建築家」は architect。

S This architecture is in Classical Greek style.
この建築は古典ギリシャ様式です。

34 structure [strʌ́ktʃər]

名 構造；建造物

🌐 a wooden structure で「木造建築」、a metal structure で「金属構造物」。

W This structure is strong enough to withstand large earthquakes.
この構造は大地震にも耐えられる強固なものです。

35 occupancy rate

稼働率

🌐 商業ビルやホテルの客室などの、使われている部屋の比率を表すのに使う。逆の「空室率」は vacancy rate である。

W The occupancy rate in that popular hotel is over 80% at all times of the year.
その有名なホテルの稼働率は1年を通して80%を超える。

36 asking price

売却希望価格

🌐 物件を売る側の「提示価格」のこと。「販売価格」は selling price。

S What's your asking price for this home?
この家の売却希望価格はいくらですか。

[不動産・建設] 37 → 40

37 **foreclosure** [fɔːrklóuʒər]
名 担保権執行；差し押さえ

⊕ 住宅ローンが払えずに、物件が差し押さえられること。foreclosure sale は差し押さえ物件の「競売」。

Thousands of homes in the area have slid into foreclosure, with owners unable to pay their mortgages.

この地域の何千件もの家は、家主が住宅ローンを払えないために差し押さえられている。

38 **insulation** [ìnsjuléiʃən]
名 断熱（材）；防音（材）

⊕ 動詞 insulate（断熱[防音]する）の名詞。insulation board で「断熱板」。

Our home lacks much insulation, so it's hard to keep it warm.

我が家は断熱性能を欠いていて、保温が利きにくい。

39 **glut** [glʌ́t]
名 供給過剰　他 過剰供給する

⊕ surplus や oversupply が類語。

Experts now agree there is a housing glut across the city.

この市全般で住宅が供給過剰になっていることを、今は専門家が認めている。

40 **termite** [tə́ːrmait]
名 シロアリ

⊕ termite control and inspections で「シロアリ駆除と検査」。

They found that termites had infested the home, damaging many of its walls.

彼らが発見したのは、その家はシロアリに荒らされ、壁の多くが損傷を受けていることだ。

【 もっと知りたい Plus 10 】 41 → 50

不動産のキーワード

- □ **lot** [lάt] 　　　　　　　　　　名 土地；敷地
  - a vacant lot で「更地」。
- □ **zoning** [zóuniŋ] 　　　　　　　名 (土地の) 区画規制
- □ **mint** [mínt] 　　　　　　　　　形 (住宅が) 未使用状態の
  - 最高の評価は triple mint。
- □ **lessee** [lesí:] 　　　　　　　　名 賃借人
  - 「家主；大家」は lessor。
- □ **eviction** [ivíkʃən] 　　　　　　名 立ち退き
- □ **hallway** [hɔ́:lwèi] 　　　　　　名 廊下
- □ **plumbing** [plʌ́miŋ] 　　　　　名 配管設備；配管工事
  - plumber は「配管工」。
- □ **wash stand** 　　　　　　　　　洗面台
- □ **powder room** 　　　　　　　　化粧室
- □ **built-in kitchen** 　　　　　　　システムキッチン

UNIT 20 ビジネスイディオム 50語

仕事で使うイディオムはたくさんありますが、よく使うものに絞って紹介します。例文で用法をチェックしておきましょう。

[仕事に必須のイディオム]

　ビジネスでは論理的に話したり書いたりすることが必要なため、普段の会話と違って、話の流れを明確にするためにイディオムがよく使われます。

　as for（～に関して）は冒頭で話題を明示するのによく使います。論点を示すのに多用されるのが in terms of（～の点では）、規則などへの遵守を示すのは in accordance with や in compliance with（～に従って）です。会社を代表してスピーチするときには on behalf of（～を代表して）をよく使います。日時を指定するには as of（～時点で）、締め切りは no later than（～までに）で表すことができます。

hit or miss

[ビジネスイディオム] 1 → 4

Track 20

1. according to
〜によると；〜に応じて

※「(情報の出所)によると」「(ルールや条件)に応じて」の2つの意味で使える。

According to the terms of this contract, the supplier accepts responsibility for any defective products.

この契約書の条件によって、サプライヤーは欠陥製品すべてに対する責任を負う。

2. across-the-board
全面的な；一律の

※ハイフンなしの across the board で「全面的に；一律に」の意味の副詞になる。

The firm made **across-the-board** budget cuts, from administration to marketing.

その会社は管理業務から販売促進まで、一律の予算削減を実施した。

3. ahead of schedule
予定より早く進んで

※反意語は behind schedule (予定より遅れて)。

We are about one week **ahead of schedule** on the project.

私たちはそのプロジェクトを1週間ほど予定より早めに進行している。

4. apart from
〜はともかく；〜は別にして；〜から離れて

※apart は副詞で「離れて；隔たって」の意味。

Apart from Frank Lester, everyone was at the meeting.

フランク・レスターを除いて、全員が会議に出席した。

[ビジネスイディオム] 5 → 12

Track 20

5 as a whole
全体として

⊕ 主に名詞の後に使う。on the whole（全体として；概して）は文全体を修飾する。

The company <u>as a whole</u> is becoming more productive—even its back office operations.
その会社は<u>全体として</u>、事務管理の業務でさえ、さらに生産的になりつつある。

6 as for
〜について；〜に関して

⊕ 話題の導入のために主に文頭で使う。前置詞 regarding も同様に使える。

<u>As for</u> Trina, she intends to remain in the Riyadh branch.
トリナ<u>については</u>、彼女自身はリヤド支社にとどまる意向だ。

7 as of
〜付で；〜時点で

⊕ 日時を明示するのに使う。as of today（今日の時点では）

This contract goes into effect <u>as of</u> October 1.
この契約は10月1日<u>付で</u>発効する。

8 at this point
現在；この時点で

⊕ 現在の状況を明示するのに使う。currently が類語。

<u>At this point</u>, the firm is nearly ready to give up on Central American markets.
<u>この時点で</u>、その会社は中央アメリカの市場を断念する準備がほぼできている。

9. by and large
全体的に見て；概して

⊕ on the whole や in general と同様の意味。

By and large, the restaurant industry in that province is growing.
その州のレストラン産業は全体として成長している。

10. by the way
ところで

⊕ 話題を変えたり、より重要な話題を述べたりするときに使う。

By the way, are you available for a teleconference on Friday?
ところで、金曜日のテレビ会議には出席できますか。

11. de facto
事実上の

⊕ 正当ではないが現実はこうなっていることを示唆する。de facto standard（事実上の標準）。反意語は de jure（正当な；法に適った）。

Becky Wu is the de facto manager of the department, since the formal manager is traveling so much on business.
ベッキー・ウーはその部門の事実上のマネジャーだ。というのも、正式のマネジャーは頻繁に出張に出かけているからだ。

12. down-to-earth
実際的な；気取らない

⊕ practical が近い意味。

This fashion brand appeals to down-to-earth shoppers who favor economical styles.
このファッション・ブランドは倹約的なスタイルを好む気取らない買い物客に人気がある。

[ビジネスイディオム] 13 → 20

13 **due to**
〜のために；〜が原因で

🌐 原因・理由を導く。owing to や because of が類語。

Due to strong support from a little over half of the board, the proposal was approved.
過半数を少し超える役員からの強い支持のために、その提案は承認された。

14 **either way**
いずれにしても

🌐 either には二者の双方を認める用法がある。

The market may rise or fall next quarter but, either way, our investors will be ready.
次の四半期に市場が上がるか下がるかわからないが、どちらにしても、我々の投資家は気構えができている。

15 **except for**
〜を除いて

🌐 前置詞として except 単独でも同意で使える。except that (〜ということを除いて) で節を導ける。

Nearly everything has been decided on the project, except for its release date.
発売日を除いては、そのプロジェクトのほぼすべてが決められた。

16 **for the time being**
当分の間；さしあたりは

🌐 for now や for [in] the meantime が類語。

For the time being, the company is not allowing any employees to work overtime.
当分の間、会社は社員が残業をすることを許可しない。

17. for your information
ご参考までに

※FYI と略すことも。

For your information, Mr. Lee is in charge of our department.

ご参考までに、リーさんが私たちの部の責任者です。

18. from scratch
最初から；ゼロから

※scratch は、子供たちがかけっこをするときに、地面にスタートラインとして木の枝などで引いた線のこと。

Since we don't have a design for this proposed component, we'll have to start **from scratch**.

私たちは提案されたこの部品の設計図をもっていないので、ゼロから始めなければならないでしょう。

19. hands-on
実地での；実務の

※hands-on training で「実地研修」。

Mr. Shah is a **hands-on** director who stays directly involved in many projects.

シャーさんは多くのプロジェクトに直接かかわっている実務型の取締役です。

20. hit or miss
のるかそるか；運に任せて

※hit-or-miss で「行き当たりばったりの」の意味の形容詞。hit-and-miss とも言う。

Without sufficient research on consumers, we can only use a **hit-or-miss** marketing approach.

消費者に対する十分な調査が行われていないので、私たちは運任せのマーケティング手法をとるしかない。

[ビジネスイディオム] 21 → 28

Track 20

21 **in a row**
連続して；一列になって

⊕ 事象が起こることが「連続して」、人・物が「一列になって」の2つ意味で使う。

The firm has achieved record production targets for three quarters in a row.
その会社は3四半期連続で過去最高の生産目標を達成した。

22 **in accordance with**
～に従って

⊕ 規則や法律などに「従って」の意味で使う。in compliance with が類語。

All of our operations are maintained in accordance with industry standards.
当社のすべての操業は工業規準に従って維持運営されている。

23 **in addition to**
～に加えて

⊕ in addition なら「そのうえ」という意味で、文頭で使うつなぎ言葉。

In addition to being CEO, Ms. Inoue is Chairperson of the Board.
イノウエさんはCEOであることに加えて、取締役会の会長も務めている。

24 **in connection with**
～に関連して

⊕ メールで連絡する用件・理由を述べるときによく使う。

I'm writing in connection with your job advertisement in the *Daily Star* on March 7th.
御社が3月7日に『デイリースター』に出した求人広告の件で書いています。

25 in effect
実際には；（法律などが）発効して

「発効して」の例は、The law is in effect. (その法律は発効している)。

She was promoted to senior fund manager, in effect giving her responsibility for about £1.2 billion in assets.
彼女は上級ファンドマネジャーに昇格して、実質的に約12億ポンドの資産に責任を負うことになった。

26 in light of
～を考慮して

light は「観点；見方」の意味。

In light of strong union demands, the firm chose to raise wages at the factory.
組合の強い要求を考慮して、その会社は工場で賃上げを行うことを決めた。

27 in terms of
～の点では

論点や話題を明確にするのに使う。

In terms of functionality, I assure you that our refrigerator models are the best.
機能の点では、当社の冷蔵庫が最高であることを保証します。

28 instead of
～ではなく；～の代わりに

instead は単独で「そうではなく」と、前言を否定するのに使う。

Instead of flying from Beijing to Shanghai, let's take a train.
北京から上海へは飛行機を使う代わりに、列車で行きましょう。

[ビジネスイディオム] 29 → 36

29. **just in case**
念のため；万が一に備えて

不測の事態や悪い状況を想定するときに使う。

Please wear your life jackets during this trip, just in case.

万が一に備えて、このツアーの間は救命胴衣を着用してください。

30. **no later than**
～までに；～より遅れることなく

期限を設定するのによく使う。

Submit this application no later than December 18 to reserve space at the trade show.

見本市のスペースを確保するために、12月18日までにこの申請書を提出してください。

31. **null and void**
無効の

null も void も「無効の」の意味。null の発音は [nʌ́l]。

Exposure of this product to water will render its warranty null and void.

この製品を水に浸したときにはその保証は無効となります。

32. **on behalf of**
～を代表して；～のために

会社を代表してあいさつするときなどによく使う。behalf は「味方；利益」の意味。

On behalf of the residents of this city, we award you the Corporate Citizenship Prize.

この市の住民を代表して、私たちは貴社に企業市民賞を授与します。

33 on the contrary
それどころか；むしろ

⊕前文の反対意見を示すのに使う。contrary は「逆；正反対」の意味。

Our firm doesn't accept mistakes; on the contrary, we avoid or fix them.
当社はミスを容認しません。むしろ、それらを回避し改善します。

34 so far, so good
今までのところうまくいっている

⊕業務の経過報告などで使える。so far は「今までのところ」の意味。

This project is a challenge, but, so far, so good.
このプロジェクトは難物だが、今までのところうまくいっている。

35 under control
制御されて；管理されて

⊕業務などがしっかり「管理されて」いるという意味で使う。反意語は out of control（制御不能で；手が付けられない）。

Security at the stadium ensures that even large crowds are under control.
そのスタジアムの警備システムは大群衆でもしっかりと管理ができる。

36 under way
進行中で

⊕get under way で「始める」。under は「進行中で」を表し、under construction（建設中で）、under review（検討中で）などと使う。

Our marketing campaign will get under way next month.
当社のマーケティングキャンペーンは来月からスタートする。

[ビジネスイディオム] 37 → 40

37. **up in the air**
未定で；未解決で

⊕ 計画や問題が「手を付けられずに棚上げにされている」という意味。

The board is still <u>up in the air</u> as to whether it should approve this strategy.

取締役会はこの戦略を承認するかどうかまだ<u>未決</u>だ。

38. **up to**
〜の義務で；〜しだいで；〜に至るまで

⊕ It's up to you. で「あなた次第です」という決まり文句。

Since you're in charge, it's <u>up to</u> you whether we move forward with this proposal.

あなたが担当なのだから、この提案を進めるかどうかはあなた<u>次第</u>ですよ。

39. **waste of time**
時間の無駄

⊕ 利益をもたらさない仕事などに使う。

The speaker was unprepared and boring, so the seminar was a <u>waste of time</u>.

講演者は準備不足で退屈で、そのセミナーは<u>時間の無駄</u>でした。

40. **when it comes to**
〜については；〜の話になると

⊕ 話題を明示するのに使う。to 以下は名詞または動名詞。

<u>When it comes to</u> Italian food, this restaurant is simply the best.

イタリア料理<u>については</u>、このレストランは一言で言って最高だ。

【 もっと知りたい Plus 10 】 41 → 50

ビジネス・イディオム

- **a piece of cake** 　　　朝飯前
  - たやすいこと。
- **ahead of the curve** 　　先手を打って
  - 「競争相手よりも先に行っている」という意味。
- **at a snail's pace** 　　ひどくゆっくりと
  - snail は「かたつむり」。
- **at the end of the day** 　最後には；結局は
- **can-do** 　　　　　　　やればできる
- **inside out** 　　　　　徹底的に；完全に
- **in full swing** 　　　調子よく進んで；最高潮で
- **in a bind** 　　　　　苦境に陥って
  - bind には「困った状況」の意味がある。
- **on a fast track** 　　急ピッチで；急速に伸びて
- **rank and file** 　　　一般社員
  - 軍隊の「一兵卒」より。

UNIT 21 ビジネス動詞句 50語

動詞句は星の数ほどありますが、ここでは仕事でノンネイティブもよく使うものを中心に紹介します。

[仕事に必須の動詞句]

具体的な業務の中でどう使うかをイメージすると覚えやすいでしょう。

アイデアを「考え出す」は come up with、企画などを「立案・作成する」は draw up を使います。企画書などを「提出する」は hand in や turn in、プロジェクトに「着手する」は embark on、「実行する」は carry out です。

業務の進行を「追跡する」は keep track of、期日までに「間に合う」は make it が使えます。「遅れている」は fall behind を使うことができます。

call it a day

[ビジネス動詞句] 1 → 4

Track 21

1. be involved in
〜に従事する；〜に参加する

⊕ involve は「巻き込む；参加させる」の意味。

He is involved in industrial chemical research.
彼は工業用化学品の研究に従事している。

2. be supposed to *do*
〜することになっている

⊕ 決まった予定や規則を表すのに用いる。

We are supposed to attend the quality control seminar next Friday.
私たちは次の金曜日にある品質管理セミナーに出席することになっている。

3. call for
〜を要求する

⊕ require や need が類語。

Our competitive market calls for even more innovative products.
我々の競争が激しい市場は、さらに革新的な製品を求めている。

4. call it a day
仕事を切り上げる

⊕「それを一日と呼ぶ」→「一日の仕事を終える」の意味。

We've been working for nearly 16 hours, so let's call it a day.
私たちは16時間近く働いてきたのだから、今日は切り上げることにしよう。

UNIT 21

[ビジネス動詞句] 5 → 12

Track 21

5 capitalize on
〜を利用する；〜につけこむ

🌐 capitalize は単独で他動詞として使えば「出資する」「大文字で書く」の意味。

Unfortunately, the competitor capitalized on our mistake.
不運なことに、競合会社は我々のミスにつけ込んできた。

6 carry out
〜を実行する

🌐 業務やプロジェクトを「実行する」のに使う。conduct、perform が類語。

It will take a much larger budget to carry out this plan.
この計画を実行するにはもっと多額の予算が必要になる。

7 cash in on
〜から利益を得る；〜を利用する

🌐 cash は動詞で「現金に換える」の意味。

He was able to cash in on his computer programming skills by getting a great job.
彼はすばらしい仕事に就くことによって、コンピュータプログラミングの技能を発揮することができた。

8 come along
うまくいく；同行する

🌐 come along with で「〜に同行する」。

The product development is coming along nicely.
その製品開発は順調に進んでいます。

9. come up with
〜を考え出す

⊕ アイデアや企画などを「考え出す；考案する」という意味で使う。

S I need your team to come up with a more realistic output target.
あなたのチームにはもっと現実的な生産目標を考えてほしいと思います。

10. count on
〜を当てにする；〜を信頼する

⊕ rely on と同様の意味。

W She counts on her analysts to keep up with market trends.
彼女は市場のトレンドを追いかけるのに、アナリストたちに頼っている。

11. cut a long story short
かいつまんで言う

⊕ 文字通り「長い話を短くする」。make a long story short とも言う。

S To cut a long story short, he was fired.
かいつまんで言えば、彼は解雇されたのです。

12. cut corners on
〜で手抜きをする

⊕ cut corners には「節約する」のほか「手抜きをする」「近道をする」の意味もある。

S We can't afford to cut corners on safety.
私たちは安全をおろそかにするわけにはいかない。

[ビジネス動詞句] 13 → 20

Track 21

13 depend on
〜に依存する

⊕ It [That] depends. (場合による；ケースバイケースだ) は決まり文句。

Ⓢ Mr. Shibata is <u>depending on</u> us to finish this spreadsheet soon.
シバタさんはこのスプレッドシートをすぐに仕上げるのに私たち<u>を当てにしている</u>。

14 draw up
〜を立案する；〜を作成する

⊕ 文書などを「作成する」、計画などを「立案する」という意味で使う。

Ⓦ They <u>drew up</u> a contract draft after an agreement was reached.
合意が達成された後で、彼らは契約書の草案<u>を書き上げた</u>。

15 embark on
〜に着手する

⊕ 原意は「乗船する」で、新しい仕事などに「着手する」のに使う。

Ⓢ We can <u>embark on</u> this project as soon as the board approves it.
取締役会が承認すれば、我々はすぐにこのプロジェクト<u>に着手</u>できる。

16 fall behind
遅れる

⊕ 納期や目標達成などに「遅れる」の意味で使う。反対語は keep up (遅れずについていく)。

Ⓢ We've <u>fallen behind</u> other researchers in this field.
私たちはこの分野で他の研究者たちに<u>遅れをとって</u>いる。

17. figure out
〜を考え出す；〜を解決する

🌐 アイデアなどを「考え出す」、問題などを「解決する」という意味で使う。

ⓢ She figured out a way to reduce office supply costs by switching to another supplier.

彼女は、他の納入業者に替えることで事務用品の経費を削減するという方法を思いついた。

18. fill in for
〜の代理を務める

🌐 欠席者などの「代理を務める」こと。fill in なら「〜に記入する」。

ⓢ I need you to fill in for me while I'm away on business.

私が出張に出かけている間、私の代理を務めることをお願いします。

19. get down to business
本題に入る；仕事を始める

🌐 会議などで、これから「本題に入る」と誘導するのに使える。

ⓢ Everyone's here, so let's get down to business.

全員がそろったので、本題に入りましょう。

20. get in touch with
〜と連絡を取る

🌐 contact と同意。keep in touch with で「〜と連絡を保つ」。

ⓢ I'll get in touch with you after I return to Shanghai.

上海に戻ったら、あなたに連絡します。

[ビジネス動詞句] 21 → 28

21. get rid of
〜を取り除く；〜を廃棄する

⊕ dispose of や eliminate が類語。

We have to get rid of all of our excess inventory.
私たちは過剰在庫のすべてを取り除かなければならない。

22. get together
集まる；待ち合わせる；協力する

⊕ 待ち合わせのときによく使う。名詞の get-together で「集まり；親睦会」の意味。

Let's get together for lunch to discuss your ideas.
あなたのアイデアについて話し合うために集まってランチをとりましょう。

23. get used to
〜に慣れる

⊕ get accustomed to も同意で使える。すでに「慣れている」のは be used to で表す。

Since we've received so many orders, the department has to get used to longer hours.
我々はこんなにたくさんの注文を受けたので、この部は長時間労働に慣れなければならない。

24. hand in
〜を提出する；〜を差し出す

⊕ submit や turn in も同意で使える。

Please hand in your tickets to the tennis match at the stadium gate.
スタジアムのゲートで、お客様のテニスの試合の入場券をお見せください。

25. keep track of
〜の経過を追う；〜の記録を付ける

⊕ track は「道；足跡」。反意語は lose track of (〜の経過を見失う)。

This system keeps track of everything in our logistics chain.

このシステムは当社の物流チェーンのすべてを追跡します。

26. make a difference
違いをもたらす；重要である

⊕「違いをもたらす」→「重要である」という意味。強調するときは make a big [a lot of] difference などとする。

Even a 2% increase in our South Asian sales would make a difference in our financial position.

南アジアの売り上げが2%増えるだけでも、我々の財務状況は大きく違ってくる。

27. make it
間に合う；成功する；都合がつく

⊕ 目的語を続けるには前置詞 to、in などを使う。make it to the train (電車に間に合う)

We only have a few days left to meet the deadline, but we can make it.

納期を守るのに数日しか残されていないが、我々は間に合わせることができる。

28. make up for
〜を補う；〜を埋め合わせる

⊕ 損失や不足などを「補う」の意味で使う。compensate for が類語。

We hope these gift certificates make up for the inconveniences you experienced.

これら商品券がお客様の経験されたご不便を埋め合わせられればいいのですが。

[ビジネス動詞句] 29 → 36

Track 21

29 **mark down**
〜を値下げする

🌐 反意語は mark up（〜を値上げする）。

These items have been <u>marked down</u> by 15%-20%, making them great bargains.
これら商品は15〜20%引きになっていて、とてもお買い得です。

30 **move forward**
先に進む；前進させる

🌐 目的語を導くときは move forward with の形にする。

CEO Watts decided to <u>move forward</u> with our strategy.
ワッツCEOは私たちの戦略を進める決断をした。

31 **pay off**
効果を生む；完済する

🌐「（努力や投資などが）効果を生む」と「（借金などを）完済する」の2つの意味で使う。

This diet drink <u>pays off</u> by helping people to lose weight fast.
このダイエット飲料は、人々の体重をすばやく落とすことで効果を発揮する。

32 **point out**
〜を指摘する

🌐 問題や重要点を「指摘する」のに使う。動詞 point は「指し示す」の意味。

I'm afraid that I need to <u>point out</u> a few weaknesses in your proposal.
残念ながら、あなたの企画にいくつかの弱点を指摘しなければなりません。

33. put aside
〜を無視する；〜を貯める

副詞の aside は「傍らに；別にして」の意味。「傍らに置く」→「無視する」、「別にして置く」→「貯める」となる。

The two firms put aside their rivalry to merge operations.
両社は競争関係を不問にして、業務を統合した。

34. rule out
〜を除外する；〜を認めない

選択肢などを「除外する」、考えなどを「認めない」という意味で使う。

The CEO ruled out filing for bankruptcy, insisting the firm could survive.
CEOは、その会社が存続可能であることを主張して、破産申請を認めなかった。

35. run out of
〜を使い果たす；〜をなくす

在庫や備品がなくなる場面などで使う。run short of なら「〜が不足する」。

We ran out of bottled water at the company picnic, so many people became quite thirsty.
会社のピクニックでボトル入りの水がなくなって、多くの人はとても喉が渇いてしまった。

36. sum up
〜をまとめる；〜を合計する

sum は名詞で「金額；合計」の意味がある。

Please sum up the main points of your presentation.
あなたの発表の要点をまとめてください。

[ビジネス動詞句] 37 → 40

37 take ~ into account
~を考慮に入れる；~に気を配る

🌐 名詞 account は「考慮」の意味。take account of (~を考慮に入れる) という動詞句もある。

He took consumer trends into account in his retail report.
彼は小売業リポートで、消費者の動向に考察を加えた。

38 take on
~を引き受ける

🌐 業務や責任を「引き受ける」場面で使う。

She took on the department manager position with a lot of enthusiasm.
彼女は熱意いっぱいに部門長のポストを引き受けた。

39 turn around
~を回復させる；方向転換する

🌐 不振企業の「(業績を) 回復させる」「(業績が) 回復する」の意味でよく使う。名詞の turnaround は「業績回復」。

CEO Martin turned around the company, enabling it to avoid a collapse.
マーティンCEOはその会社を立て直して、倒産を回避させることができた。

40 turn out to be
~であることがわかる；
~という結果になる

🌐 prove to be が類語。

Against expectations, she's turned out to be an outstanding supervisor.
予測に反して、彼女はすばらしい管理職になった。

【 もっと知りたい Plus 10 】　　　　　41 → 50

ビジネス動詞句

- **break the ice** 　　口火を切る
  - 会議などで「沈黙を破る」こと。
- **wear two hats** 　　二足のわらじを履く
  - 「複数の職業に従事する」の意味。
- **go for it** 　　目標に向かって進む
- **hang in there** 　　頑張り通す；ふんばる
- **know the ropes** 　　コツを知っている
- **nail down** 　　〜を明確にする；〜を見極める
- **play it by ear** 　　ぶっつけ本番で行う
  - 文字通りは「譜面を見ないで (by ear) 演奏する」の意味。
- **raise the bar** 　　水準を引き上げる
  - 走り高跳びのイメージ。
- **see eye to eye** 　　意見が一致する
- **walk the talk** 　　有言実行する
  - 文字通りには「言った通りに歩く」。

UNIT 22 ビジネス決まり文句 50語

ビジネスならではの決まり文句を紹介します。強調したり、しゃれて表現したりする場合に役立ちます。

[会話を印象づける決まり文句]

このユニットの表現はインパクトのあるものが多いので、一度目にするとすぐに頭に入ると思います。

cash cow（ドル箱商品;稼ぎ頭）や golden goose（金色のガチョウ）は動物を使った面白い表現です。cash cow は経営評論家のピーター・ドラッカーがつくった言葉で、golden goose はイソップの「金の卵を産むガチョウ」から来ています。

日本語に対応するものもあります。the die is cast（賽は投げられた）はカエサルがルビコン川を渡ったときに口にしたとされる言葉で、double-edged sword（両刃の剣）や tip of the iceberg（氷山の一角）は日本語のイメージと同じです。

golden goose

[ビジネス決まり文句] 1 → 4

Track 22

1. acid test
厳しい検査；最終的な試練

⊕ 金の純度を調べるための硝酸を用いた検査より。

The acid test of the product will, of course, be whether consumers actually buy it.
もちろん、この製品の最終的な試練は消費者が実際にそれを買うかどうかである。

2. balancing act
綱渡り

⊕ 曲芸の綱渡りより、「両立が難しい状況でバランスを取る」こと。

It's a real balancing act to manage both a career and a family!
仕事と家族の両方に対応するのはまさに綱渡りだ!

3. big cheese
お偉方；大物

⊕ top brass も似通った表現。

With all her power, Director Suh is the big cheese around here.
サー監督には大きな権限があるので、彼女はこのあたりでは大物だ。

4. big fish in a small pond
小さな池の大きな魚；
小さな集団の中の大物

⊕「井の中の蛙」というネガティブな意味ばかりでなく、Better a big fish in a little pond than a little fish in a big pond. のようにポジティブな意味でも使う。

Having few competitors in the local market, the firm is a big fish in a small pond.
地元の市場には競合会社はほとんどないので、その会社は小さな池の大きな魚だ。

5. big picture
大局観

◉ in the big picture で「大局的に見れば」。

Although we're profitable, step back to see the big picture: our competitors are doing much better than us.
我々は利益をあげているが、一歩引いて、競争相手はもっとうまくやっているという大局観をもっておこう。

6. burn one's bridges
背水の陣を敷く

◉ 背後の橋を燃やして決死の戦いに備えること。burn one's boats とも言う。

She burned her bridges by not only quitting but insulting her boss.
彼女は退社するだけでなく、上司を侮辱したことによって、もはや引き返せなくなった。

7. cash cow
ドル箱商品；黒字部門

◉ 文字通りには「金を生む雌牛」。

Our property sales compose 30% of our revenues, making it a real cash cow.
我々の不動産の売り上げは収入の30%を占めており、実質的なドル箱になっている。

8. cold calls
売り込み電話；飛び込み営業

◉ 通常は冷たくあしらわれることから。

He spends most of his day on cold calls, contacting potential clients that he doesn't know.
彼は一日の大半を面識のない見込み客に連絡をとる売り込み電話に費やしている。

9. copy cat
真似っこ

🌐 他社の製品やサービスを模倣することを揶揄するのに使う。

That firm is just a copycat, imitating the products of its rivals.

あの会社はライバル社の製品を模倣する真似っこにすぎない。

10. domino effect
ドミノ効果

🌐 ドミノ倒しのように、同じ出来事・現象が連鎖的に起きること。

The bank failure had a domino effect, destroying many other financial institutions.

その銀行の破綻はドミノ効果を生んで、他の多くの金融機関を打ち砕いた。

11. double-edged sword
両刃の剣

🌐 いい結果・悪い結果の両方を招く可能性がある状況や戦略などに使う。

The rising currency is a double-edged sword, making exports more costly but imports cheaper.

通貨の上昇は、輸出コストは上がるが、輸入コストは下がるという両刃の剣だ。

12. every cloud has a silver lining
どんな悪い状況でも希望はある

🌐 どんな cloud (雲＝悪い状況) にも明るい銀色の lining (裏地＝希望の光) がある、という比喩表現。

The current recession is making firms more innovative, so every cloud has a silver lining.

現在の景気後退は企業をさらに革新的にしていて、悪い状況の中にも希望の光はある。

[ビジネス決まり文句] 13 → 20

13. eye-opener
目を見張るもの

⊕ 驚きや気づきを与える出来事や状況を指す。

The tour of the factory was a real eye-opener as to the capacities of the supplier.
工場を見学することは、そのサプライヤーの生産能力についてまさに目を見張る体験だった。

14. go green
環境に優しくする

⊕ 形容詞の green は「環境に優しい」の意味。

We're going green by installing solar panels on this factory.
この工場にソーラーパネルを設置することによって、我々は環境志向の行動を進めている。

15. golden goose
金色のガチョウ

⊕ 際限なく利益を生む事業や組織に使う。イソップ物語の「金の卵を産むガチョウ」より。

If you outsource our design department, you'll kill our golden goose.
もしあなたが我々の設計部門を外注するなら、我々の金色のガチョウを殺すことになる。

16. gray area
グレーゾーン

⊕「どっちつかずの領域」のこと。「違法すれすれの行為」にも使う。

Using long-term temporary workers is a gray area in provincial labor law.
長期間にわたって臨時労働者を使うことは地方労働法のグレーゾーンである。

17 green light
ゴーサイン；許可

⊕青信号より。go-aheads や thumbs-up とも言う。反意語は red light (却下)。

S We've gotten the green light to go ahead with our product tests.
私たちは製品テストを進めるゴーサインをもらった。

18 hard sell
受け入れ困難な提案

⊕文字通り「困難な売り；押し売り」より。

S Convincing the board to agree with this plan will be a hard sell.
この計画を役員会に承認してもらうように働きかけるのは押し売りまがいの提案になるだろう。

19 head start
有利なスタート

⊕スタートから相手より優位に競争を進めること。

S Since we've been in this market two years, we've got a head start on other firms that are just entering.
我々はこの市場で2年間やってきているので、参入したばかりの他社に対して有利なスタートを切っている。

20 kill two birds with one stone
一石二鳥

⊕日本語と同じで「1つの行為で2つのことを成し遂げる」こと。

W Replacing the board will kill two birds with one stone: we can bring in better leaders and calm our angry shareholders.
取締役会を入れ替えるのは一石二鳥だ。もっと優れたリーダーを起用できるし、怒っている株主たちをなだめることもできる。

[ビジネス決まり文句] 21 → 28

21 laissez-faire
名 形 自由放任主義 (の)

○ フランス語より。経済学では、政府の介入をなくして、市場にすべてを任せること。

The new Economy Minister has a laissez-faire policy of free trade and open markets.
新しい経済相は、自由貿易と開放市場という自由放任主義的な政策の持ち主だ。

22 level playing field
公平な市場；機会均等

○ level は「平坦な」→「格差がない」。

The foreign firms are asking for a level playing field with domestic ones, so they have a chance to compete.
海外企業は、競争する機会を得るために、国内企業と同じ公平な市場を求めている。

23 lion's share
最大の分け前

○「百獣の王ライオンの取り分」より。

Our firm holds a lion's share of the market, occupying 72.3% of it.
当社は市場の72.3%を占有して、その最大の分け前にあずかっている。

24 make history
歴史をつくる；偉業を成す

○「歴史的な偉業を達成する」という意味で、社員を鼓舞する表現としても使える。

The firm made history by launching an IPO of unprecedented size.
その会社は前代未聞の規模の新規上場を実施して、歴史をつくった。

25

name of the game
肝心な点

🌐 話の中で「最も重要な点」を強調するのに使う。

S The name of the game in our industry is speedy package delivery.
我々の業界での最重要ポイントは素早い荷物の配送である。

26

pie in the sky
絵空事；絵に描いた餅

🌐「実現しそうにないアイデア」のたとえ。

S Without a feasibility study, your plan is just pie in the sky.
事業化調査もしないで、君の計画はまったく絵に描いた餅だ。

27

plan B
次善の策

🌐 plan A (第一案) に対して、plan B で「第二案；次善の策」。

S Our plan B is to relocate to a lower-cost region if we can't get our expenses under control.
もし経費を抑制できないなら、我々の次善の策は低コストの地域に移転することだ。

28

put all one's eggs in one basket
1つのカゴに卵を全部入れる

🌐 否定文で、Don't put all your eggs in one basket. とすれば「リスクは分散せよ」という格言。

W She put all her eggs in one basket by placing all of her investments in one junk bond.
彼女は1種類のジャンクボンドに投資を一元化することによって、1つのカゴに卵を全部入れてしまった。

[ビジネス決まり文句] 29 → 36

29 quick fix
応急処置

⊕ 問題などの「一時的な解決策」を指す。医療現場の「応急処置」は first aid と言う。

Mr. Dean wants a quick fix to the problem of falling revenues.
ディーン氏は収入の低下という問題に応急措置を施したい。

30 rat race
生存競争

⊕ 出世や金銭を求める「苛烈な競争」を指す。

I'm thinking of quitting the rat race by giving up my high-pressure job.
私はストレスの高い仕事をあきらめることで、苛烈な競争を抜け出そうかと考えている。

31 red flag
危険信号

⊕ 危険や問題の存在を示す警告のこと。

Her disorganization is a red flag as a potential manager.
彼女のいいかげんさはマネジャー候補としての危険信号だ。

32 sea change
大転換；大変化

⊕ シェイクスピアの戯曲『テンペスト』より。

The increased automation at the firm produced a sea change in quality control.
その会社は自動化を推し進めて、品質管理に大転換をもたらした。

33. sell like hot cakes
飛ぶように売れる

🌐「商品の売れ行きが非常にいい」というたとえ。

Fortunately, our new audio player has been selling like hot cakes.

幸運にも、当社の新しいオーディオプレイヤーは飛ぶように売れている。

34. slim chance
わずかな望み；望み薄

🌐 fat chance も反語的に「望み薄」で使う。high chance で「高い可能性」。

There's only a slim chance of being able to book a room at that hotel during the holidays.

休暇シーズンにそのホテルの部屋を予約できる望みはきわめて薄い。

35. sticking point
障害

🌐「交渉や仕事の進行を阻む障害」を指す。動詞 stick には「行き詰まらせる」の意味がある。

The union's demand for higher wages is a sticking point in the negotiations with management.

組合の賃上げの要求は、経営側との交渉の障害になっている。

36. the die is cast
賽（さい）は投げられた

🌐「もう後戻りできない」の意味。カエサルがルビコン川を渡ったときに言ったとされる。

The die is cast on this product, since it was released 24 hours ago.

この製品は24時間前に発売されて、賽は投げられたのだ。

[ビジネス決まり文句] 37 → 40

37 tip of the iceberg
氷山の一角

> tip は「先端」、iceberg は「氷山」。その一部が発覚しただけで、問題の大半はまだ見えない状況を表す。

Lack of new patents is just the **tip of the iceberg** of the R&D problems at the firm.

新しい特許がないことは、その会社での研究開発をめぐる問題の氷山の一角にすぎない。

38 tipping point
転換点；転機

> 動詞 tip には「ひっくり返す」の意味がある。「重大な転換点」を意味する。turning point も同意。

The loss of three major clients was a **tipping point** for the firm, leading it to eventually fail.

3社の大口クライアントの喪失はその会社の転換点になり、結果的にそれが破綻につながった。

39 vicious circle
悪循環

> vicious には「悪意のある；危険な」の意味がある。vicious cycle とも言う。反意語は virtuous circle [cycle]。

Product defects led to falling sales, and with less money for quality control, it resulted in a **vicious circle**.

製品の欠陥が販売減を招き、品質管理にお金が回らなくなり、それは悪循環に陥った。

40 wakeup call
警鐘

> 一般にはホテルでの「モーニングコール」だが、「危険や問題を知らせる警鐘」の意味でも使う。

The failure of the company's new product was a **wakeup call** for the R&D department to create more user-friendly products.

その会社の新製品の失敗は、研究開発部がもっとユーザー志向の製品をつくるべきとの警鐘となった。

【 もっと知りたい Plus 10 】 41 → 50

ビジネス決まり文句

- **a slice of the pie** — 利益の取り分
- **ballpark figure** — おおよその数字
  - in ballpark figures で「概算で」。
- **black and white** — 違いが明確な；単純明快な
  - 英語では「黒白」の順番。
- **deep pockets** — 潤沢な財源
- **happy medium** — 折衷案；妥協点
- **last straw** — 限度を越えさせるもの
  - 「藁一本でも、限度を超えたらラクダの背骨を折る」ということわざから。
- **hot water** — 苦境；窮地
- **pet peeve** — 不平の種
  - 動詞 peeve には「いらだたせる」の意味がある。
- **vantage point** — 有利な地点
  - 見晴らしが利く戦いに「有利な場所」の意味。
- **walking papers** — 解雇通知
  - pink slip という言い方もある。

INDEX

本書に収録する全見出し語1024（コラム Plus 10を含む）のさくいんです。
単語の検索や覚えたかどうかの確認に利用してください。

A

a piece of cake	259
a slice of the pie	283
academic background	46
accept	216
acceptable	81
accommodations	106
accompany	138
according to	249
accountability	175
accountant	182
accounts receivable	185
accrual basis	186
achieve	129
acid test	273
acknowledge	36
across-the-board	249
activate	37
actuary	235
addition	53
additional	144
address	73
administrative	22
adopt	127
advantage	83
advertise	203
affordable	82
agenda	69
agile	172
agreement	86
ahead of schedule	249
ahead of the curve	259
airfare	105
aisle seat	108
alliance	175
alternative	78
ambiguity	91
amount	180
analyze	130
anniversary	25
annual leave	58
annual meeting	171
annual report	235
anticipate	136
apart from	249
apartment	237

apologize ……………… 99	assume ………………… 74
app ……………………… 38	at a snail's pace ……… 259
appear ………………… 136	at the end of the day …… 259
appetizer ……………… 102	at the moment ………… 30
applause ……………… 96	at this point ………… 250
apply for ……………… 43	atmosphere …………… 23
appoint ………………… 60	attach ………………… 38
appointment ………… 101	attention ……………… 97
appreciate …………… 133	attire …………………… 93
apprentice …………… 52	attitude ……………… 49
approach ……………… 155	attorney ……………… 90
aptitude ……………… 47	attractive …………… 144
arbitration …………… 91	auditor ……………… 235
architecture ………… 245	available ……………… 31
argue ………………… 75	avoid ………………… 139
arrange ……………… 122	award ………………… 166
arrival ………………… 106	
article ………………… 90	**B**
as a whole …………… 250	
as far as ……………… 73	back order …………… 215
as for ………………… 250	bail out ……………… 229
as of ………………… 250	balance ……………… 225
asap …………………… 35	balance sheet ……… 184
asking price ………… 245	balancing act ……… 273
aspect ……………… 155	ballpark figure ……… 283
assembly line ……… 190	bank statement …… 226
assess ……………… 133	bankrupt …………… 187
asset ………………… 184	bargain hunter ……… 222
assignment ………… 17	basis point ………… 235
	be based in ………… 20

be entitled to	58
be involved in	261
be opposed to	74
be supposed to do	261
bear with me	34
benchmark	197
benefit from	82
bid	222
big cheese	273
big fish in a small pond	273
big picture	274
bill	226
billing address	221
binding	91
black and white	283
blanket	108
blue chips	230
blue ocean	175
board of directors	16
boarding pass	107
bother	124
bottleneck	161
bottom line	175
bound for	107
brainstorming	68
branch	14
brand recognition	209
brand-new	214
breach	89
break the ice	271
break-even point	182
breakthrough	196
brick and click	223
brief	76
broaden	138
brochure	23
broker	229
browse	214
budget	180
built-in kitchen	247
bulk	222
bull	231
burden	161
burn one's bridges	274
business card	19
busy	29
buy-in	77
buzz	211
by and large	251
by the way	251

C

cafeteria	21
calculate	122
call center	219
call for	261
call in sick	32
call it a day	261

calling ··· 50	click-through rate ··· 211
can-do ··· 259	clockwise ··· 77
candidate ··· 43	code of conduct ··· 64
capacity ··· 193	cold calls ··· 274
capitalize on ··· 262	collaborate ··· 169
carbon footprint ··· 198	collateral ··· 244
care for ··· 102	colleague ··· 16
career path ··· 51	come along ··· 262
carry out ··· 262	come up with ··· 263
cash cow ··· 274	commercial ··· 239
cash in on ··· 262	commission ··· 58
catch ··· 34	commitment ··· 158
category killer ··· 211	common ground ··· 85
cautious ··· 146	commute ··· 16
certificate ··· 45	compare ··· 129
chair ··· 68	compensate for ··· 218
challenging ··· 149	compensation ··· 58
change ··· 109	competent ··· 47
chart ··· 69	complaint ··· 220
chat ··· 118	complete ··· 129
checked baggage ··· 107	complicated ··· 150
checking account ··· 225	compliment ··· 98
checkout ··· 218	complimentary ··· 110
checkup ··· 59	comply with ··· 89
chore ··· 65	component ··· 191
circulate ··· 121	compound ··· 24
civil engineering ··· 244	compress ··· 39
clarify ··· 75	compromise ··· 85
clear-cut ··· 151	concentrate ··· 127

concept	156
concerning	32
conclusion	78
condolence	100
condominium	237
conduct	131
confidential	88
confirm	119
conflict	34
confuse	126
congratulation	94
consensus	76
consider	125
consolidate	170
construct	243
consult	131
consumer	201
contact	24
contingency	175
contribute	133
convene	79
convenient	34
convinced	84
convincing	149
cooperation	99
coordinate	135
copy cat	275
cordially	98
core competence	173
cornerstone	173
corporate bond	233
correct	120
corrupted	39
count on	263
courier	25
courteous	97
craftsmanship	197
create	137
credit line	228
crucial	146
cubicle	20
currency	226
customer	201
customer service representative	219
customize	198
customs	115
cut a long story short	263
cut corners on	263

D

de facto	251
deadline	24
deal	82
debt	185
dedicated	48
deduct	186
deep pockets	283

default	229
defective	194
delayed	105
demanding	149
demographic	211
demonstrate	206
department	15
department store	213
depend on	264
deposit	225
depreciate	185
describe	132
description	239
deserve	136
designate	60
destination	105
differentiate	205
disclaimer	91
disclosure	170
discrepancy	187
discuss	120
dispute	90
disregard	139
distribute	199
diverse	64
diversify	167
dividend	230
domain	175
domestic	142
dominate	209
domino effect	275
don't hesitate	100
donate	174
dotcom	232
double-edged sword	275
down payment	243
down-to-earth	251
draft	86
draw up	264
drawback	161
dress code	23
due date	181
due diligence	171
due to	252
dues	241
duplicate	39
duration	107

E

earnings	178
economical	183
economy of scale	187
effective	144
efficient	143
effort	153
either way	252
element	159
embark on	264

emerging market	231
emphasize	75
employee	56
empowerment	175
enclose	37
encourage	132
endorsement	211
enjoy	118
ensure	131
enterprise	165
entrepreneur	174
equities	230
essence	162
evaluation	56
every cloud has a silver lining	275
eviction	247
evidence	73
examine	126
excel	138
excellent	142
except for	252
exchange	218
exclusive	88
execute	91
executive	15
exhibit	207
expand	112
expatriate	115
expect	126
expenditure	183
expense	180
expensive	142
experienced	48
expertise	47
expiration date	216
expire	88
explain	124
extension	29
extensive	143
extrovert	50
eye-opener	276

F

fabless	195
face to face	83
facilitate	68
facility	190
factor	159
factory	190
fall behind	264
fast-moving	214
feasibility study	171
feature	223
feedback	202
field trial	209
figure out	265
fill in for	265

financial statements	184
finishing touch	198
FinTech	235
fire drill	65
firm	14
fiscal year	178
fix	119
fixture	242
flagship	202
flash drive	39
flaw	217
floor plan	239
focus group	203
follow-up meeting	79
foothold	114
for the time being	252
for your information	253
foreclosure	246
foreign exchange	234
former	60
found	14
free-trade zone	114
freight	199
fringe benefits	53
from scratch	253
front desk	18
frustration	161
fulfill	89
function	156
fundraising	174
furnished	242
futures	233

G

gap	159
garbled	39
gender	64
general affairs	22
general contractor	244
generate	137
get back on the right track	77
get back to	28
get down to business	265
get in touch with	265
get rid of	266
get to the point	76
get together	266
get used to	266
gift certificate	208
globally	166
glut	246
go for it	271
go green	276
goal	153
golden goose	276
government official	115
gradually	151

gratitude	95
gray area	276
green light	277
grievance	65
gross margin	179
groundbreaking	244

H

hallway	247
hand in	266
handle	118
handout	69
hands-on	253
hang in there	271
happy medium	283
hard drive	39
hard sell	277
have company	101
head start	277
headquarters	14
heartfelt	98
help yourself	96
help-wanted ad	42
here's to	94
high rise	238
hire	52
hit or miss	253
hold	68
hold on	29
holding company	168
holiday gift	223
honor	95
hospitality	99
hot item	223
hot water	283
huge	141
human resources	56

I

ideal	141
identify	135
immediately	150
impact	160
implement	132
improve	133
in a bind	259
in a row	254
in accordance with	254
in addition to	254
in charge of	19
in connection with	254
in effect	255
in favor of	74
in full swing	259
in light of	255
in terms of	255
in the red	179
in-depth	151

incentive	59	inventory	185
inconvenience	99	investor relations	231
industry	25	invite	93
inevitable	147	invoice	181
inform	121	IPO	187
informative	148	issue	70
ingredient	223	itinerary	105

J

janitor	22
jet lag	109
job description	43
join	118
joint venture	113
jot down	33
junk mail	210
just in case	256

(continued left column)

initiative	158
innovation	196
input	157
inquiry	220
inside out	259
insight	162
inspection	194
inspire	134
install	242
installment payment	216
instead of	255
insulation	246
insurance plan	59
integrate	170
interact	138
interest rate	228
intern	51
interpret	114
interrupt	100
interview	44
introduce	97
invent	137

K

keep track of	267
keep you posted	35
keycard	110
keynote speaker	94
kill two birds with one stone	277
know the ropes	271

L

label	121

293

labor union	63
laboratory	190
laissez-faire	278
landlord	241
landmark	111
landscape	242
lapse	91
last say	86
last straw	283
last-minute	151
launch	130
lay off	61
lead time	193
leading	165
leaflet	204
leave a message	28
lessee	247
let me check	33
let me know	37
level playing field	278
leverage	173
LGBT	64
liability	184
liable	89
liaison	50
life cycle	210
limit	123
limited-time offer	206
lion's share	278
liquidity	232
localize	113
location	240
logistics	198
long tail	211
look forward to	36
loss leader	206
lost and found	109
lot	247
lounge	110
loyalty card	208
lucrative	166
luncheon	101
luxurious	205

M

mail order	222
major	46
make a difference	267
make a toast	94
make history	278
make it	267
make up for	267
manage	122
management	16
maneuver	171
manufacturer	191
mark down	268
master's degree	46

material	191
maturity	235
mean	119
meet halfway	84
membership	208
mentor	53
merchandise	202
mergers & acquisitions	169
method	156
millennial	211
mind	153
mint	247
minutes	70
miss	120
mission	162
misunderstanding	84
misuse	217
modernize	195
modify	91
momentum	160
monitor	125
monopoly	169
morale	62
mortgage	243
motivated	48
move	238
move forward	268
move on to	77
multinational	112
mutual	148
mutual fund	233

N

nail down	271
name of the game	279
negotiable	81
net profit	179
new recruit	52
niche	207
no later than	256
not at one's desk	30
novelty	223
null and void	256

O

objection	74
objective	24
observe	131
obstacle	78
obtain	129
obvious	146
occupancy rate	245
off duty	31
office supplies	21
on a fast track	259
on another line	29
on behalf of	256
on the contrary	257

on the same page ……… 76	party……………………… 87
operation ……………… 25	passbook ……………… 226
opportunity …………… 96	passion ………………… 49
optimize ……………… 210	patent ………………… 197
option ………………… 85	patience ……………… 220
order status ………… 221	patronage …………… 220
organization ………… 22	pay off ……………… 268
original ……………… 143	penetrate …………… 112
out of stock ………… 215	perception ………… 158
out of town …………… 30	performance ………… 57
outlet ………………… 213	peripheral …………… 39
outline ………………… 72	perk ………………… 114
outlook ……………… 157	permit ……………… 123
outplacement ……… 62	person in charge …… 31
output ……………… 193	personality ………… 49
outstanding ………… 181	personnel …………… 56
overbook …………… 106	perspective ………… 83
overhead …………… 182	persuade …………… 84
overseas …………… 111	pet peeve …………… 283
overview ……………… 72	petty cash ………… 183
overwrite …………… 39	phase ……………… 160
ownership …………… 63	philanthropic ……… 174
	philosophy ………… 167

P

pack ………………… 117	pie in the sky ……… 279
paper jam …………… 21	PIN ………………… 227
paperwork …………… 17	pitch ……………… 204
parking lot ………… 21	place an order …… 221
partner ……………… 113	plan B ……………… 279
	play it by ear ……… 271

pleased	96	progress	154
plumbing	247	prohibit	139
point of view	75	projection	170
point out	268	promote	57, 203
portfolio	234	proper	142
portion	159	property	237
position	42	proposal	70
positioning	211	prospectus	235
positive	148	prosperous	166
post	179	prototype	194
potential	150	proxy fight	172
powder room	247	public relations	204
practice	154	public transportation	110
prepare	122	publish	137
present	71	punch in	17
price per unit	81	purpose	153
primary	147	pursue	134
prime time	211	put all one's eggs in one basket	279
principal	228	put aside	269
priority	158		
proactive	172		
probation	52	**Q**	
procedure	156	qualification	47
proceed	132	quality control	195
process	125	quarter	178
procure	192	quick fix	280
produce	125	quota	193
product line	201	quotation	181
proficient	45		

R

rain check	100
raise	57
raise the bar	271
rally	231
rank and file	259
rat race	280
reach	31
real estate	237
realize	134
rebate	215
recall	219
receipt	216
reception	93
recipient	234
reciprocal	90
recognize	136
recommend	130
recover	135
red flag	280
red tape	115
redeem	235
reduce	123
redundant	62
reference	44
refill	102
reform	135
refund	218
regarding	71
registered mail	37
reimburse	183
reject	139
reliable	147
relocate	112
remind	121
reminder	35
remit	113
renovate	243
renowned	97
rent	238
repayment	229
repeat	33
replacement	60
reply	36
report to	20
requirement	45
reschedule	126
research & development	191
reshuffle	168
residential	239
resilience	175
restructure	167
result	154
résumé	44
retail	213
retire	61
retrieve	39
return	180

revenue ············· 178	selling point ············ 49
review ············· 71	seniority ············· 65
risky ············· 145	sensitive ············· 148
role ············· 154	severance pay ············ 62
rosy ············· 149	share ············· 124
rotate ············· 127	ship ············· 117
round-trip ············· 109	shipping and handling charges ············· 221
routine ············· 17	
RSVP ············· 93	shop floor ············· 192
rule out ············· 269	shopping spree ············ 223
rumor ············· 95	short position ············ 233
run ············· 119	shortlist ············· 44
run out of ············· 269	shut down ············· 195
	sign up for ············ 38

S

sales clerk ············· 214	signage ············· 223
sales lead ············· 206	signature ············· 87
saturation ············· 223	significant ············· 143
save ············· 120	similar ············· 141
savings ············· 215	skill ············· 45
scheme ············· 175	skip ············· 123
scope ············· 155	sleep on ············· 86
screen ············· 39	slim chance ············· 281
sea change ············· 280	so far, so good ············ 257
seal ············· 87	solution ············· 73
see eye to eye ············ 271	sophisticated ············· 196
seek ············· 42	souvenir ············· 111
segment ············· 205	speak to ············· 28
sell like hot cakes ·········· 281	specific ············· 72
	specification ············· 194

299

spell	32
split the bill	102
sponsor	207
stable	147
stack	117
stakeholder	168
stalemate	85
starting salary	53
startup	232
state-of-the-art	196
stationery	23
statistics	69
status	155
step down	61
step out	30
sticking point	281
stimulate	134
stipulate	91
stock exchange	230
stock option	59
store credit	223
stow	108
straightforward	83
strategy	165
streamline	167
strength	157
structure	245
stuck	111
subcontract	192
subdivision	240
submit	124
subordinate	15
substitute	127
suburb	240
suggest	130
sum up	269
summarize	72
supervisor	15
supply chain	173
survey	202
sustainable	168
switch jobs	43
sync	38
synergy	169
systematic	150

T

take ~ into account	270
take effect	88
take on	270
take out a loan	228
take over	61
tardiness	63
target	165
tax provision	186
techie	50
telecommute	63
teller	227

temporary	51
tenant	241
tendency	160
tentatively	87
terminate	91
termite	246
terms and conditions	81
testimonial	203
text	35
thanks to	98
the die is cast	281
tied up	18
time difference	108
timely	145
tip of the iceberg	282
tipping point	282
title	20
token	95
toll-free number	219
tour	238
track record	48
tracking number	199
trade show	207
trade-off	175
transaction	182
transcript	46
transfer	28, 57
trend	201
tricky	146
turn around	270
turn out to be	270

U

ubiquitous	197
unanimous	78
under control	257
under way	257
unveil	208
up in the air	258
up to	258
upcoming	145
update	71
upmarket	205
urban	240
urgent	145
utility	241

V

vacancy	106
vacant	42
valid	227
vantage point	283
various	141
vendor	192
vicious circle	282
view	157
viral	210
vision	162

visual aids	70
voicemail	32
volatile	232
voluntary	51
vote	79
voting right	172

W

waive	91
wakeup call	282
walk the talk	271
walking papers	283
warehouse	199
warranty	217
wash stand	247
waste of time	258
wear and tear	217
wear two hats	271
webinar	211
when it comes to	258
white goods	213
whole	144
widespread	209
win-win	82
windfall	234
window dressing	235
wine and dine	101
wire transfer	227
with reference to	36
withdraw	225
word of mouth	204
work for	19
work overtime	18
work the shifts	18
workplace	19
wrap up	79
write off	186
wrong number	33

X

xerox	117

Y

yield	235

Z

zoning	247

● 著者紹介

成重　寿　Hisashi Narishige
三重県出身。一橋大学社会学部卒。英語教育出版社、海外勤務の経験を生かして、TOEICを中心に幅広く執筆・編集活動を行っている。主要著書：『TOEIC® TEST 英単語スピードマスター NEW EDITION』、『TOEIC® TEST 必ず☆でる単スピードマスター』、『TOEIC® TEST 全パートまるごとスピードマスター』、『WORLD NEWS 英単語スピードマスター』、『ゼロからスタート英単語 BASIC 1400』（以上、Jリサーチ出版）など。

英文作成協力	Craig Brantley (CPI)
カバーデザイン	花本浩一
本文デザイン／DTP	江口うり子（アレピエ）
校正協力	深瀬正子
ダウンロード音声制作	一般財団法人 英語教育協議会（ELEC）
ナレーター	Jack Merluzzi / Helen Morrison
	水月優希

ビジネスで1番よく使う英単語　最重要1000語

平成28年（2016年）6月10日　初版第1刷発行	
平成30年（2018年）4月10日　　　第3刷発行	
著　者	成重　寿
発行人	福田富与
発行所	有限会社　Jリサーチ出版
	〒166-0002 東京都杉並区高円寺北2-29-14-705
	電話 03(6808)8801(代)　FAX 03(5364)5310
	編集部 03(6808)8806
	http://www.jresearch.co.jp
印刷所	㈱シナノ パブリッシング プレス

ISBN978-4-86392-296-9　禁無断転載。なお、乱丁・落丁はお取り替えいたします。
©2016 Hisashi Narishige, All rights reserved.